Couverture inférieure manquante

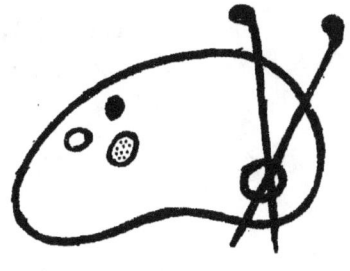
Original en couleur
NF Z 43-120-8

LE CHATEAU

ORD

ITS

STRUCTION

ARCHITECTES

PAR

L. JARRY

MEMBRE DE LA SOCIÉTÉ ARCHÉOLOGIQUE ET HISTORIQUE DE L'ORLÉANAIS
CORRESPONDANT DU COMITÉ DES SOCIÉTÉS DES BEAUX-ARTS
DES DÉPARTEMENTS

ORLÉANS
H. HERLUISON, LIBRAIRE-ÉDITEUR
17, RUE JEANNE-D'ARC, 17

1888

LE CHATEAU
DE
CHAMBORD

DOCUMENTS INÉDITS

SUR LA DATE DE SA CONSTRUCTION

ET LE NOM DE SES PREMIERS ARCHITECTES

PAR

L. JARRY

MEMBRE DE LA SOCIÉTÉ ARCHÉOLOGIQUE ET HISTORIQUE DE L'ORLÉANAIS
CORRESPONDANT DU COMITÉ DES SOCIÉTÉS DES BEAUX-ARTS
DES DÉPARTEMENTS

ORLÉANS
H. HERLUISON, LIBRAIRE-ÉDITEUR
17, RUE JEANNE-D'ARC, 17

1888

DOCUMENTS INÉDITS

SUR LE

CHATEAU DE CHAMBORD

Cette Notice a été lue, le 27 avril 1888, à la réunion des trois Sociétés savantes d'Orléans, et le 23 mai 1888, à la réunion des Sociétés des Beaux-Arts des départements, à l'École des Beaux-Arts ; elle est imprimée au Compte-Rendu de cette douzième session.

LE CHATEAU
DE
CHAMBORD

DOCUMENTS INÉDITS
SUR LA DATE DE SA CONSTRUCTION
ET LE NOM DE SES PREMIERS ARCHITECTES

PAR

L. JARRY

MEMBRE DE LA SOCIÉTÉ ARCHÉOLOGIQUE ET HISTORIQUE DE L'ORLÉANAIS
CORRESPONDANT DU COMITÉ DES SOCIÉTÉS DES BEAUX-ARTS
DES DÉPARTEMENTS

ORLÉANS
H. HERLUISON, LIBRAIRE-ÉDITEUR
17, RUE JEANNE-D'ARC, 17

1888

Extrait des Mémoires de la Société archéologique et historique de l'Orléanais.

DOCUMENTS INÉDITS

SERVANT A RECTIFIER

LA DATE DE LA CONSTRUCTION

ET LE NOM DES PREMIERS ARCHITECTES

DU CHATEAU DE CHAMBORD

De même que certains profils, certaines physionomies, ont le privilège de charmer et hantent volontiers l'imagination, il est aussi des paysages, des aspects, des œuvres de la nature ou de l'art, dont la vision se grave profondément dans la mémoire. Les châteaux d'Amboise, Chaumont, Blois, Chenonceaux, sont de ce nombre ; et il suffit que leur nom vienne frapper l'oreille pour aussitôt éveiller tout un monde de souvenirs.

Mais c'est Chambord qui l'emporte sur tous, parce que là, et là seulement, se rencontre un inconcevable mélange de grandeur et de mystère, parce que tout y est un sujet d'étonnement et qu'on s'y heurte sans cesse à de frappants contrastes.

Le philosophe comprend à merveille qu'un roi ait voulu fuir les bords de la Loire ou du Cher, pour se choisir une retraite sur les rives plus ignorées du Cosson. Mais il s'explique moins qu'on ait adopté ce plan gigantesque et ces dispositions inhabitables, pour jeter au milieu des landes de la Sologne ce qu'il appelle un colossal caprice.

L'historien peuple ces vastes salles du brillant cortège des Valois, à la suite de François Ier, le Roi-Chevalier, dont la main toucha presque le sceptre impérial ; il assiste, avec les courtisans du Roi-Soleil, à la première représentation du *Bourgeois-Gentilhomme*. Puis il voit le superbe château devenir l'asile de Stanislas, un roi détrôné ; et enfin, le domaine offert par la France à un prince (resté, pour ses fidèles, un type chevaleresque,) mort à l'étranger sans pouvoir ceindre la couronne, posant à peine le pied à Chambord dont il portait le nom dès son berceau.

Quant à l'artiste, son regard est séduit en découvrant, de loin, par-dessus les cimes des arbres, cette autre blanche forêt de campaniles, de cheminées, de hautes fenêtres élancées, de flèches, que dépasse la magnifique lanterne, comme la statue de saint Jean domine les autres, sur le fronton de la basilique de Latran à Rome. L'effet est aussi fantastique, dans un genre bien différent et un tout autre cadre.

Lorsqu'il arrive enfin en présence de cette masse architecturale, il reste stupéfait de la simplicité de l'édifice inférieur, opposée à cette abondante floraison qui règne sur les combles. Malgré tout, il se dégage de l'ensemble une harmonie qui devait éclater majestueusement, tant que Chambord fut conservé dans l'état où le représentent les belles planches d'Androuet du Cerceau.

En effet, la destruction des balustrades, des emmarchements extérieurs, et surtout des pièces d'eau, dans lesquelles se reflétait son admirable couronnement, enlève beaucoup de prestige à l'aspect de cette splendide résidence. Le nivellement des fossés enterre les bases des tours et les premières assises de la construction.

Cet écrasement de la façade, la nudité du terrain, la solitude des appartements ; tout cela correspond d'une façon trop exacte à l'affaiblissement même des souvenirs, pour ne pas prêter le flanc à certaines critiques, moins faciles à réfuter dans l'état actuel des choses.

Notre but n'est pas, du reste, de nous lancer dans la mêlée des admirateurs et des détracteurs de Chambord, bien que les premiers puissent nous compter à la suite de leurs tenants ; ni de nous étendre en considérations philosophiques, historiques ou artistiques. Assez d'autres ont assumé cette tâche, qui n'avaient en partage ni l'érudition d'un La Saussaye, ni le talent d'un Loiseleur, ni la compétence d'un Viollet-le-Duc.

Nous voulons seulement attirer l'attention sur les origines de la construction de Chambord et sur les inexactitudes qui se sont produites à cette occasion.

L'extrême rareté des documents sur l'histoire de cette résidence, au XVI® siècle, laissait croire, jusqu'ici, que le point de départ des travaux était l'année 1523, d'après les uns et, suivant les autres, 1526, sous la direction de Charles, bâtard de Chauvigny, et avec Pierre Nepveu, dit Trinqueau, d'Amboise, comme premier et seul architecte. Ce sont autant d'erreurs, aussi faciles à constater qu'à rectifier, à l'aide de nouvelles pièces que nous avons découvertes, et qui intéressent à la fois l'histoire de Chambord, et celles de Notre-Dame de Cléry et de la ville d'Orléans, elle-même.

L'importance de cette question est facile à saisir, puisque l'éclaircissement complet de tous les points qu'elle soulève fournirait la note exacte de l'influence de la Renaissance italienne sur notre école française d'architecture, dans le premier tiers du XVI® siècle, spécialement en ce qui concerne les châteaux du Blaisois et de la Touraine.

Du haut au bas de l'échelle, en histoire, et pour l'histoire de l'art français en particulier, il y a peu de procès jugés définitivement et sans appel : la découverte de nouvelles sources autorisera longtemps des révisions partielles.

I

LA DATE DE LA CONSTRUCTION DE CHAMBORD.

La meilleure monographie du château de Chambord, au point de vue historique, est certainement celle de M. de La Saussaye. Enfant du Blaisois, il consacra la moitié de sa vie à en étudier et à en écrire l'histoire; l'autre appartenait à la science numismatique, où il se créa une situation hors de pair. Le surplus d'une existence bien remplie fut absorbé par de hautes fonctions universitaires.

Cette histoire de Chambord, successivement augmentée et améliorée, s'appuie sur des documents certains, dont l'auteur a tiré le meilleur parti. Peut-être, cependant, peut-on se permettre de lui reprocher d'avoir quelquefois dépassé la portée de ces documents, et d'y asseoir des jugements trop absolus. Cet écrivain mérite, à coup sûr, d'être rangé parmi les savants avec lesquels il faut le plus compter, mais desquels aussi l'on est en droit d'exiger une entière exactitude, afin d'empêcher l'erreur de s'accréditer à l'abri de leur nom. Si importantes qu'elles soient, d'ailleurs, celles que nous sommes contraint de redresser proviennent d'une source qui semblait digne de toute confiance.

Examinant l'intéressante question de la date de reconstruction de Chambord (1), M. de La Saussaye rapporte successivement l'opinion de Le Rouge et de Merle, qui indiquent l'année 1523 ; et celle des écrivains en plus grand nombre, André Félibien, Bernier, Gilbert et Vergnaud-Romagnési, qui préfèrent 1526. M. de La Saussaye s'unit à ces derniers, en ces termes : « Cette date est fixée incontestablement par les lettres-patentes données à Chambord le 1ᵉʳ octobre de la même année (1526), pour la nomination de Messire de Chauvigny, comme intendant général des travaux, aux appointements de 1,000 livres, et de messire Raymond Forget, comme trésorier et payeur général, avec les mêmes appointements. »

Cette date *incontestable* est fournie à notre auteur par l'homme qui semblait, en effet, le plus en mesure de la donner, André Félibien, historiographe des bâtiments du roi (2). Félibien laissa un manuscrit longtemps inédit, puisqu'il a été publié seulement en 1874 pour la *Société de l'art français*, par M. de Montaiglon, sous le titre de : *Mémoires pour servir à l'histoire des maisons royalles et bastimens de France*.

M. de La Saussaye avait trouvé une copie de cet ouvrage au château de Cheverny, près de Blois, et s'en était servi pour ses histoires de Blois et de Chambord. Ce document, quasi officiel à cause des fonctions de son auteur, donne la date de l'institution de tous ceux qui furent chargés de l'intendance et du contrôle des constructions des châteaux royaux, Chambord comme les autres, à partir de l'année

---

(1) Page 53, 8ᵉ édition, in-12, 1859.
(2) Né en mai 1619 et mort le 11 juin 1695, il était seigneur des Avaux, dont il portait le nom, et de Javercy, près Pithiviers, comme l'indique un charmant jeton qu'il a fait graver.

1526. Des articles, extraits évidemment des comptes originaux, fournissent les noms des principaux maçons, les prix des journées et des matériaux dans le plus grand détail, et le total des sommes dépensées à ce sujet, sous François Ier et ses successeurs, jusqu'en 1571.

On comprend que M. de La Saussaye se soit absolument confié à la parole d'André Félibien ; et que, faisant un calcul que sa science numismatique rendait facile, il ait pu dire, en tenant compte des variations dans la valeur du marc d'argent : Le total de la dépense pour la construction de Chambord, de 1526 à 1571, équivaut actuellement à 2,057,530 fr. Cette somme, ajoute l'auteur, « servit à mettre le château à peu près dans l'état où nous le voyons aujourd'hui ».

En effet l'ouvrage d'Androuet du Cerceau, *Les plus excellens bastimens de France*, publié en 1576, après quelques années de travail à cause de son importance, peut être regardé comme absolument contemporain de cette année 1571.

La belle planche du maître-graveur, reproduite en frontispice par M. de La Saussaye, montre les bâtiments de Chambord dans tout leur développement. Du Cerceau n'a triché que pour les grosses tours « dont les deux, les plus lointaines, confesse-t-il naïvement, ne sont avancées que jusques au premier étage, encores qu'au dessein de l'élévation je les aye faites ». L'achèvement de ces tours et quelques décorations intérieures, exécutées depuis 1571, n'ajouteraient à la dépense qu'un supplément insignifiant.

Eh bien ! nous ne craignons pas de déclarer que, malgré l'habileté de nos ouvriers, malgré le perfectionnement de l'outillage, et la facilité que comporte un simple travail de reproduction, le propriétaire assez hardi pour reconstruire un second Chambord, sur un devis de 2,057,530 fr., rencontrerait, au bout du compte, une désagréable surprise !

M. de La Saussaye s'est-il trompé dans ses calculs sur la valeur du marc d'argent ? — Nous ne le pensons pas ; ou bien André Félibien dans ses relevés de dépenses ? — pas davantage, pour celles qu'il a connues. Ils sont de bonne foi tous les deux ; mais le dernier a pris un faux point de départ. Il oublie de compter les sept premières années; et son échafaudage de chiffres s'écroule par la base.

En voici la preuve :

Ce n'est pas en 1526 que les travaux de Chambord commencèrent, mais en 1519, et peut-être auparavant; car, mis en garde par l'erreur de nos devanciers, nous devons prudemment craindre d'en commettre une pareille. Cependant les lettres-patentes données à Blois, le 6 septembre 1519, par François Ier, ne semblent laisser aucun doute (1). Si l'on en pèse attentivement tous les termes, on reconnaît qu'il s'agit d'une entreprise nouvelle, de la création, et non de la continuation d'une charge.

Voici comment s'exprime le roi, s'adressant à son conseiller et maître d'hôtel ordinaire, François de Ponthriant : « Comme nous ayons puis naguères ordonné faire construire, bastir et édiffier ung bel et somptueux édiffice ou lieu et place de Chambort en nostre conté de Bloys, selon l'ordonnance et devis que en avons faict; et que, pour avoir l'œil, regard et superintendence ou fait et construction dudit bastiment, et aussi pour ordonner de tous et chascuns les fraiz, payemens et despenses d'icelluy, soit requis et très nécessaire commectre et depputer quelque

---

(1) L'original, signé du Roi et contresigné par Robertet, est à la Bibliothèque nationale, ms. fr., 25720, pièce 142.

— 12 —

bon, vertueux et notable personnaige en ce congnoissant, expérimenté et en qui ayons toute seurté et fiance. Savoir vous faisons que nous, ce considéré, confians à plain de voz sens, preudence, loyaulté, preudhommie, diligence et longue expérience, vous avons commis, ordonné et depputé, commectons, ordonnons et députons à faire faire et parfaire (1) ledit édiffice et bastiment de Chambort. »

D'après les divers points de vue sous lesquels on peut l'envisager, il y a plusieurs conséquences à tirer de cet acte, dont on trouvera le texte intégral aux pièces justificatives (2).

La première, c'est la fausseté très évidente des calculs présentés par Félibien pour la construction totale de Chambord ; et, par suite, l'inexactitude de l'évaluation en monnaie moderne à 2,057,530 fr., obtenue par M. de La Saussaye sur ces données hypothétiques. Il n'en reste plus rien. D'autant que le projet de François Ier fut immédiatement suivi d'exécution. C'était bien dans les habitudes d'un prince prompt à entreprendre, ardent à réaliser ses entreprises, sur quelque terrain qu'il les poursuivît. M. de La Saussaye écrit lui-même (3) : « François Ier poussa avec une grande activité les travaux de Chambord, et dix-huit cents ouvriers y furent employés, dit-on, pendant plus de douze ans. » C'est à Bernier, l'historien

---

(1) Ce dernier mot d'une formule assez en usage a été interprété de manière à dénaturer le sens de cet acte, dans l'analyse publiée au n° 1083 du 1er volume des *Actes de François Ier*, édité par les soins de l'Académie des sciences morales et politiques : « Commission à François de Pontbriant, maître d'hôtel du Roi, d'ordonner toutes les dépenses qu'il y aura à faire pour l'*achèvement* du château de Chambord. » C'est aller un peu vite ; il fallait commencer avant d'achever.

(2) *Pièces justificatives*, n° I.

(3) *Le château de Chambord*, p. 53.

blaisois, plus que nul autre en bonne situation pour recueillir les traditions locales, qu'est empruntée cette citation.

D'ailleurs, l'amour de ce roi pour la *bâtisse* est bien connu ; et, si l'on réfléchit qu'en ce genre Chambord fut sa première passion, nous laissons à penser quelle ardeur il dut mettre à la satisfaire.

Blois n'était qu'une continuation plutôt qu'une œuvre nouvelle ; et l'honneur d'avoir élevé la façade dite de François Ier revient surtout, pensons-nous, à la reine Claude.

Maintenant, ce serait une opération trop facile que de supputer la solde, pendant sept ans, de dix-huit cents ouvriers, en comptant seulement trois cents jours de travail par an ; et en prenant pour moyenne la journée du moins payé des maçons, estimée en monnaie actuelle par M. de La Saussaye, à 61 centimes. On obtient ainsi (sauf erreur) un total de 2,305,800 fr. pour ces sept premières années oubliées. Cette *somme à valoir pour dépenses imprévues* majore donc le devis de plus du double.

C'est un résultat que, sans le chercher, dit-on, nos architectes atteignent encore quelquefois.

Rien n'est plus aisé que de se rendre compte des circonstances qui ont induit en erreur un homme placé comme Félibien pour connaître la vérité. Avant d'écrire les *Mémoires pour servir à l'histoire des maisons royales et bastimens de France*, où se trouvent, somme toute, beaucoup de renseignements intéressants et de curieux détails, Félibien s'était entouré de toutes les pièces officielles qu'il avait sous la main. Il avait notamment fait copier un abrégé des *Comptes des bastimens du roi* (1),

(1) Ils ont été publiés, sous ce même titre, en deux volumes in-8º,

dont il était l'historiographe. C'est un relevé des institutions d'officiers de ces bâtiments et des articles les plus importants relatifs aux œuvres d'art, spécialement aux peintures et aux sculptures, en négligeant les questions de pure construction.

Ce travail très précieux, puisqu'il repose sur des pièces originales en partie perdues aujourd'hui, est lui-même incomplet et ne contient plus que les comptes de 1528 à 1571, tandis qu'il s'étendait originairement jusqu'à 1599. Mais, puisqu'il ne commence qu'en 1528, il ne pouvait rien révéler sur la date vraie de la construction de Chambord ni sur les travaux des sept premières années.

On a même lieu de s'étonner qu'il ait connu les commissions de Charles de Chauvigny et de Raymond Forget, qui sont de deux ans antérieures aux premiers comptes. Cette année 1528 est peut-être celle où l'on a commencé à centraliser les comptes des bâtiments royaux, à la suite des mesures prises par le roi pour régulariser l'administration de ses finances, tombées en grand désarroi sous Semblançay, et le contrôle de la dépense (1).

En tout cas, Félibien eut le tort de regarder les commissions de Chauvigny et de Forget comme le prélude de la construction de Chambord, dont elles n'étaient qu'une suite ; quant à celle de François de Pontbriant, elle remontait trop haut pour y figurer, non plus que dans le relevé des dépenses secrètes de François Ier, qui ne com-

---

par la *Société de l'Histoire de l'art français* (1877 et 1880), après avoir été recueillis et mis en ordre par M. L. de Laborde, et grâce au concours très actif de M. J. Guiffrey.

(1) La Saussaye, *Histoire du château de Blois*, p. 189. Cf. Isambert, *Recueil général des anciennes lois françaises*, t. XII, p. 222-227.

mence qu'en 1530 (1). Il est donc fort heureux que cette pièce intéressante ait pris place dans un des précieux recueils de manuscrits de la Bibliothèque nationale.

N'ayant pas l'intention d'entrer plus avant dans le détail de la construction de Chambord, nous renverrons aux pièces justificatives certains documents inédits que nous avons rencontrés sur ce sujet (2).

II

FRANÇOIS DE PONTBRIANT

GOUVERNEUR DE LOCHES ET DE BLOIS.

Dans la question qui nous occupe, la date de construction de Chambord est importante; mais ce n'est pas l'unique élément dont nous devons dégager les conséquences, calculer la portée. Le nom de François de Pontbriant doit aussi nous retenir. Il y a obligation de rechercher si les termes flatteurs employés à son égard par François Ier ne sont pas un pur artifice de style; s'il était désigné d'avance pour cette charge d'organiser les travaux et d'en diriger le contrôle et le paiement, ou si tout autre serviteur intègre et dévoué n'aurait pu la remplir. Quelques renseignements biographiques porteront la lumière sur ce point et prouveront que l'homme a été parfaitement choisi.

Les Pontbriant sont originaires de Bretagne; mais,

(1) Elles sont publiées à partir de la page 199 du tome II des *Comptes des bâtiments du Roi*.
(2) *Pièces justificatives*, n°s II à XI.

longtemps avant l'accession de cette province au royaume de France, plusieurs membres de cette famille se rencontrent au service des Valois.

Olivier de Pontbriant concourt, en 1380, à la défense et à la garde du château de Dol sous Olivier de Mauny. Sa nomination de maître d'hôtel du roi Charles VI, le 15 juillet 1416, n'interrompt pas sa carrière militaire ; car il fait montre à Montoire, en Vendômois, le 28 août 1421, sous Richard de Bretagne, comte d'Étampes (1).

Son frère, Hector de Pontbriant, porte les armes avec lui sous Olivier de Mauny, puis devient écuyer d'écurie de Louis, duc d'Orléans. Le 31 mai 1400, ce prince lui donne 300 fr. « pour le fait du voyage de certaines armes que, au plaisir de Dieu, il a en propos d'aller prouchainement accomplir en Engleterre à l'encontre d'un certain Anglois (2) ». Quelques mois plus tard, il lui fait remettre une autre somme de 300 fr. « pour soy aider à garir de sa bleceure (3). » Sans nous renseigner sur le résultat définitif de la rencontre, ceci prouve du moins que le champion français s'était vaillamment comporté.

Ces prouesses ne déplaisaient pas à ses puissants protecteurs ; aussi le roi et le duc d'Orléans lui en témoignèrent leur satisfaction, en assistant à son mariage, en 1402, ainsi que Savoisy et Gaucourt (4). Voici un article de compte assez curieux qui se rapporte à cette circonstance : « pour paier certaine orfavèrie faite à la devise du roy et de Monseigneur d'Orléans, en une robe pour la feste des nopces de Ector de Pontbriant escuier d'escurie de

(1) *Mémoires pour servir à l'histoire de Bretagne*, t. II.
(2) Bibl. nat., coll. de Bastard. Orig. n° 43.
(3) Collection Jarry.
(4) Catalogue des archives Joursanvault, t. I, n° 772.

Monseigneur le duc, c'est assavoir de feulles de may et d'ortyes (1). »

Charles d'Orléans prend Hector comme conseiller et chambellan, et le nomme capitaine de Chateaurenault, en Touraine, vers 1412 (2); il lui donne des missions de confiance en Bretagne, en Poitou et en Normandie, où il avait le gouvernement des finances du duc (3).

François de Pontbriant, notre personnage, tient aux précédents par un degré de parenté difficile à préciser, à cause de la confusion extrême où sont tombés les généalogistes, concernant cette famille. Né vers le milieu du XVe siècle, il s'attacha, comme ses frères, Pierre et Gilles, à la fortune de Louis XI, et l'on dit même, ce qui n'est pas un fait unique, qu'il enleva de vive force pour l'épouser, avec la protection du roi, la femme d'un sire de Fay. Il suit avec éclat la carrière des armes; malheureusement les documents sont à cet égard assez clairsemés. En 1474, il fut nommé maire de Limoges et conserva cette charge jusqu'en 1483, époque à laquelle Charles VIII la supprima et rétablit les Consuls (4). François remplit une ambassade à Ferrare en 1476. De 1477 à 1481, il toucha

---

(1) Bibliothèque nationale, collection de Bastard. Original n° 49, 26 avril 1402.

(2) Catalogue des archives Joursanvault, t. II, n° 2822.

(3) Bibl. nat., coll. de Bastard. Orig. n° 68, — pp. 263 et 291 du 3e reg. d'Aubron. — Cabinet des titres, dossier Pontbriant.

(4) Nous devons ce détail à la bienveillante communication de M. le vicomte du Breil de Pontbriant, descendant de cette famille. — Dans la table des matières des *Mémoires de Ph. de Commynes*, Mlle Dupont dit qu'il est désigné, en novembre 1481, comme seigneur de Villate, conseiller et chambellan du roi. Elle ajoute que Louis XI lui donnait, à cette époque, l'office de capitaine des ville et château de *Mielle* en Poitou ; elle veut parler de Melle, chef-lieu d'arrondissement actuel des Deux-Sèvres.

1,200 livres de solde comme capitaine de cent lances des ordonnances (1).

Puis il accepte un poste plus sédentaire, celui de gouverneur de Loches, vers 1479. Il y succédait, dit-on, à Olivier le Mauvais, le terrible barbier de Louis XI. Chambellan de ce roi, François en obtint le don gracieux de dix mille arpents de terres et bois dans la forêt de Loches. Chalmel révoque en doute cette générosité, qui fut pourtant confirmée par Charles VIII (2).

François de Pontbriant, fidèle au jeune roi Charles VIII, se rendait à Tours en 1485, avec Louis Maraffin et Rigault d'Oreille, lorsqu'il fut arrêté par les partisans du duc d'Orléans révolté, qui tenaient garnison à Beaugency. Le duc, avec son cousin, le comte de Dunois et le vicomte de Narbonne, beau-frère de François de Bretagne, tenaient à Blois et à Beaugency des assemblées séditieuses, dont la dissolution fut signifiée, au nom du roi, par le héraut Normandie, puis par le roi d'armes Montjoye (3). On sait que le duc d'Orléans, assiégé dans Beaugency par La Trémoille et par Charles VIII en personne, et désavoué même par les habitants de sa bonne ville d'Orléans, jugea prudent de se soumettre.

Pontbriant garda le gouvernement de Loches pendant plus de quarante ans, de 1479 à 1521, année de sa mort. Pour se maintenir durant un aussi long espace de temps, dans une situation élevée et enviée, sous plusieurs rois, et à une courte distance des villes où la cour faisait son séjour ordinaire, il faut évidemment à un homme autre

---

(1) *Mémoires pour servir à l'histoire de Bretagne*, t. III, pp. 353, 412.

(2) CHALMEL, *Histoire de Touraine*, t. III, p. 145. — *Mémoires de la Société archéologique de Touraine*, t. I, p. 40.

(3) ISAMBERT, *Anciennes lois*, etc., t. XI. Paris, 16 septembre 1485.

chose qu'un passé glorieux ; c'est-à-dire, un mérite incontestable et des qualités d'excellent administrateur. Le gouverneur se fit aimer des habitants de Loches en défendant habilement leurs intérêts dans certaines occasions. C'est ainsi qu'il fit des remontrances au roi Charles VIII « de la pauvreté des habitants de ladicte chastellenie, en laquelle ledit seigneur voulloit mettre en garnison les cent gentils hommes de sa maison et les deux cents arbalestiers de sa garde (1). » Il reçut, en remerciement de la ville pour ses bons offices, deux pipes de vin d'Orléans et quatre muids d'avoine.

François de Pontbriant était aussi capitaine du château de Loches et, à ce titre il devait faire preuve de fermeté et de vigilance. Le donjon, à cause de sa forte assiette, servait en effet, depuis le onzième siècle, de prison d'État, où l'on ne gardait que des personnages d'importance. Charles VII y enferma Jean le Bon, duc d'Alençon, qui favorisait la révolte du Dauphin. Louis XI, à son tour, y fit conduire Charles de Melun ; Haraucourt, évêque de Verdun ; Balue, cardinal d'Angers, dans sa cage de fer ; Philippe de Savoie, baron de Nantouillet, prisonnier durant quinze ans et décapité huit jours avant la mort du roi. Loches garda Philippe de Commynes pendant huit mois, et c'est François de Pontbriant qui l'amène à la conciergerie du Palais, à Paris, avec six autres prisonniers (2). Geoffroy de Pompadour et Georges d'Amboise sont mis à Loches à la suite de la révolte de Louis d'Orléans. Celui-ci, devenu roi, y fit expier ses crimes à Ludovic le More, étroitement enserré dans ces murailles de 1505 à 1510, année de sa

---

(1) *Comptes municipaux de Loches*, pour 1491-1494. (*Bulletin de la Société archéologique de Touraine*, t. V, p. 157.)

(2) *Mémoires de Philippe de Commynes*, publiés par Mlle Dupont pour la *Société de l'Histoire de France*, t. III, p. 141.

mort. Pierre de Navarre, prisonnier à Ravenne, y fut conduit en captivité en 1512; François Ier lui rendit la liberté pour l'employer en Italie.

Mais passons à des souvenirs moins lugubres. Lorsqu'Anne de Bretagne s'en fut rejoindre Charles VIII au château de Langeais pour y contracter mariage, au 6 décembre 1491, elle était accompagnée du chancelier Philippe de Montauban, du seigneur de Pontbriant (1) et du grand maître Coëtquen. Le couple royal profita d'un séjour à Loches, en 1496, pour continuer les travaux entrepris au château, sous le règne de Charles VII. L'infortuné roi n'en devait pas voir la fin, mais Anne y revint plus tard avec Louis XII.

Ils y firent leur demeure pendant longtemps, terminèrent une partie du palais; et le plus bel ornement de cette résidence est encore l'oratoire d'Anne de Bretagne, « dont les parois sont ornées de cordelières et semées d'hermines (2) ». Il faut croire que François de Pontbriant eut une certaine part à l'exécution de ces travaux (3), qu'il y fit preuve d'une compétence toute particulière, et que le roi se montra fort satisfait de ses services en ce genre. En

---

(1) LAINÉ (*Archives de la noblesse*, t. I) prétend que c'est Jean de Pontbriant. Cf. *Mémoires de la Société archéologique de Touraine*, t. III, p. 129.

(2) *Mémoires de la Société archéologique de Touraine*, t. VIII, p. 96, et *La Touraine, histoire et monuments*, p. 134.

(3) En visitant les souterrains fameux du donjon de Loches, François y fit une découverte que rapporte Belleforêt, dans sa *Cosmographie universelle*, d'après Gruget, originaire de Loches. Ayant fait ouvrir plusieurs portes de fer, il trouva dans une chambre, au bout d'une longue galerie, un homme énorme d'environ huit pieds, assis, la tête appuyée dans ses mains comme s'il dormait; près de lui était un coffre plein de linge. Naturellement, au premier contact, tout s'en alla en poussière. Pontbriant fit construire à Loches, en 1500, une héronnière, « *pour les ébats du roi* ».

effet, par lettres du 17 décembre 1500, Louis XII nomme François de Pontbriant et Roland de Plœuc, lieutenant, à Amboise, de Pierre de Rohan, seigneur de Gié, maréchal de France et capitaine de cette place (1), pour conduire et diriger la construction de plusieurs somptueux édifices que le roi voulait faire à son château d'Amboise (2).

On sait quelle vive affection les rois de France manifestèrent au XVe siècle pour le vieux manoir d'Amboise. Charles VII en commença les embellissements ; Charles d'Orléans donnait, en 1440, des lettres en faveur de l'église de Saint-Florentin, au château d'Amboise, qui avait essuyé de grands dommages (3). Louis XI, partant pour combattre la *Guerre du bien public*, en 1465, confia aux habitants la garde de la ville et du château, où la reine faisait sa résidence (4). Quelque temps après, le même roi décida d'isoler le château de la ville et de le clore de solides fortifications. Mais, comme il renfermait ainsi dans la nouvelle enceinte l'église de Saint-Florentin, et la rendait, par le fait, impropre au service paroissial, il octroya une *crue* sur le sel vendu dans les greniers du royaume, en faveur de ses fidèles sujets d'Amboise, pour les aider à édifier dans la ville même une nouvelle église (5).

Charles VIII, que le château d'Amboise avait vu naître (6),

---

(1) François et son frère Pierre sont au nombre des témoins dans le procès du maréchal de Gié. (*Procédures politiques sous le règne de Louis XII*, publiées par M. de Maulde, dans la collection des *Documents inédits*).

(2) *Généalogie de la famille de Pontbriant*, par LAINÉ. (Original en parchemin aux archives de M. de Courcelles.)

(3) Catalogue des Archives Joursanvault, t. II, n° 2811.

(4) *Amboise en* 1465, par E. CARTIER.

(5) Bibl. nat., coll. de Bastard, ch. orig. n° 921.

(6) C'est pour ce motif qu'il ne rendit pas ce château aux héritiers de Louis d'Amboise, et qu'il l'unit indissolublement à la Couronne.

et qui l'habita toujours dans l'intervalle de ses expéditions, entreprit d'y élever d'importantes constructions. Mais sa mort prématurée, en cette même ville, laissa les travaux inachevés; on avait terminé seulement les deux belles tours et l'élégante chapelle de Saint-Hubert, dont on a faussement attribué le mérite à des artistes ramenés d'Italie par Charles VIII (1). Cette erreur est démontrée par la publication du compte détaillé des dépenses d'ameublement et d'ornement pour la chapelle et les appartements contigus aux deux tours; les premières dépenses remontent à l'année 1490 (2). Il ne semble pas non plus que Pierre Nepveu, qui travaillait encore sous un maître en 1508, en puisse être réputé l'architecte (3). Il est plus raisonnable de citer Jean Régnard, maître des œuvres de maçonnerie et de charpenterie pour le roi, en Touraine, de 1476 à 1498, auquel on devrait aussi le château de Plessis-lès-Tours (4).

Quoi qu'il en soit, c'est pour compléter le plan de Charles VIII que Louis XII appelait à Amboise François de Pontbriant; les documents font complètement défaut pour apprécier comment il accomplit cette mission. On est cependant fondé à croire que son service fut agréable à ses puissants protecteurs, puisque, au titre de capitaine de Loches, qu'il garda jusqu'à la mort, il joignit bientôt, vers 1510, ceux de maître d'hôtel du roi et gouverneur de Blois; et de chevalier d'honneur et grand chambellan de la reine Claude de France.

(1) CHALMEL, *Tablettes*, etc., p. 223.
(2) *Notice sur la mairie d'Amboise*, par CARTIER. — *Bulletins de la Société archéologique de Touraine.*
(3) *Documents pour servir à l'histoire des arts en Touraine*, par DE GRANDMAISON, p. 153. — *Bulletins de la Société archéologique de Tou*r*aine*, t. II, p. 541.
(4) *Id.*, t. II, p. 374.

Cette fille aînée de Louis XII se montra aussi attachée à Blois que Charles VIII à Amboise. Mariée, en 1514, à son cousin François, comte d'Angoulême, qui devait bientôt prendre la couronne, elle recevait en dot un apanage considérable, dont le comté de Blois était la principale partie et, à son sentiment, la plus agréable. François Ier, galant même avec sa femme, lui en laissa l'administration complète en 1516. Il est probable, avons-nous dit, qu'à ce titre, elle eut une part importante dans l'établissement des superbes bâtiments dits de François Ier ; nous n'avancerons pas que Pontbriant fut son auxiliaire, n'en ayant aucune preuve.

Simple et bonne comme son père, généreuse pour ceux qui l'entouraient, la reine Claude s'attacha son grand chambellan en lui donnant un jardin à Blois (1) et en le nommant *capitaine de cette ville*.

Un autre motif attirait en cette ville François de Pontbriant, les liens de famille qui l'unissaient étroitement à son frère, Gilles de Pontbriant, doyen de Cléry; et Cléry se trouve sur la route de Blois à Orléans (2).

Transportons-nous donc, avec François, à Cléry; nous n'en reviendrons que plus facilement à Chambord, qui est à mi-chemin entre Cléry et Blois. Nos lecteurs, d'ailleurs, se rendront compte que cette digression, si longue qu'elle soit, est un éclaircissement utile, indispensable même, pour l'intelligence de ce qui doit suivre.

(1) Ratification de ce don fut signée par François Ier, à Amboise, le 27 juin 1515. Arch. nat., KK, 897.

(2) Le généalogiste Lainé s'est égaré en donnant à Gilles, pour frère, un François de Pontbriant vivant encore en 1566. Le frère de Gilles, François, gouverneur de Loches et de Blois, mourut le 21 septembre 1521 à Cléry et y fut inhumé.

III

GILLES DE PONTBRIANT
DOYEN DE CLÉRY.

Au commencement du XVIe siècle, Gilles de Pontbriant était archidiacre de Châteauroux, en l'église de Bourges, curé de Saint-Germain de Pontaudemer, chanoine de Notre-Dame de Cléry et trésorier de Saint-Martin de Tours. Grâce à son frère François, sans doute, il avait aussi le titre de chapelain du Fief-Notre-Dame au grand autel de Notre-Dame de Loches. Ce fut, on le voit, un riche bénéficier; mais il employa généreusement sa fortune.

Il fut reçu doyen du chapitre de Cléry le 25 février 1502, en vertu de lettres de collation et de procuration de l'évêque d'Orléans (1). L'église de Cléry, pèlerinage très fréquenté depuis le XIIIe siècle, brillait alors de tout son éclat. Salisbury, peu avant le siège d'Orléans, l'avait ruinée de fond en comble; mais elle eut l'heureuse fortune de rencontrer un ardent protecteur et un généreux bienfaiteur, dans la personne du fameux bâtard d'Orléans. Il excite Charles VII à relever ses murailles, enrichit lui-même l'église de ses dons, à la suite d'un vœu; et y érige la chapelle Saint-Jean, comme lieu de sépulture pour lui et les siens (2).

---

(1) La plupart des documents que nous indiquons dans ce chapitre sont absolument inédits. Nous les avons extraits des anciens registres de M. Lainé, notaire à Cléry, auquel nous sommes heureux de témoigner toute notre gratitude pour son obligeance.

(2) Nous avons publié récemment le résultat des découvertes que

Tout le monde sait que Louis XI acheva la restauration de Notre-Dame de Cléry. Il y fit creuser son tombeau et éleva son propre monument de son vivant. Charlotte de Savoie, sa deuxième femme, et Louis de France, son fils, y furent également inhumés.

Plusieurs serviteurs restés dévoués à Louis XI tinrent à honneur de reposer auprès de leur maître : son confesseur ordinaire Martin Lemaistre, nommé chanoine de Cléry peu de temps avant de mourir, Tanneguy du Châtel ; et aussi, d'après la tradition, Tristan Lhermite. L'église de Cléry reçut, en outre, le corps de François de France, troisième fils de Charles VIII, et le cœur de ce même roi.

Cette rapide énumération de noms montre quelle était, à cette époque, l'importance de la Collégiale de Cléry, et combien de mutilations et de spoliations elle a dû subir dans les siècles suivants. Comme on doit regretter cette magnifique décoration de vitraux, de peinture, de dorure, de statues ; ces monuments et ces plaques sculptés ou ciselés dans le bronze, le marbre, l'albâtre ou la pierre ! sans même parler des richesses arrachées au trésor, comme ex-voto, reliquaires ; ni de celles de la sacristie et du chœur. Cet ensemble faisait de nos églises, encore plus que des palais et des châteaux, de véritables musées populaires, accessibles à tous.

C'était aussi un catéchisme en couleurs, suivant l'expression pittoresque de M. Léon Gautier, une prédication figurée, incessante et muette, pénétrant jusqu'à l'âme par les yeux, amusant et instruisant quand même les humbles

---

nous y avons faites, au mois de juin 1887, sous ce titre : *Église de Notre-Dame de Cléry, — les sépultures de Marie d'Harcourt, femme du bâtard d'Orléans, de Jean, leur fils, et de François II et Louis I, ducs de Longueville, leurs petits-fils. — Testament inédit de Dunois*, etc.

et les ignorants, charmant les intelligences plus raffinées, chez lesquelles le sentiment artistique s'harmonise avec les plus hautes pensées et tend à remonter de la copie au modèle, de la créature au Créateur.

Tous ces rois, ces princes, dont nous venons de parler ; d'autres, comme le cardinal d'Amboise, venant, en 1505, faire un vœu à Notre-Dame pour le rétablissement de la santé du roi Louis XII, et la foule des modestes pèlerins ; tous avaient enrichi de leurs aumônes le chapitre de Cléry. Il remboursait les dettes contractées aux temps de détresse et devenait prêteur à son tour. La ville d'Orléans, à court de ressources, envoie « devers Messieurs de Cléry leur prier et requérir qu'ils eussent à prêter argent à icelle ville (1). »

Administrateur de ces richesses, Gilles de Pontbriant en fait un judicieux emploi, comme des siennes propres. Il entretient en parfait état les bâtiments de l'église, fait réparer par André Jacquelin, *plombeur* de l'église Sainte-Croix d'Orléans, la plomberie du petit clocher ; et, sur le grand, pose, en 1510, une croix neuve, haute de 18 pieds, à trois fleurons dorés à chaque branche, et quatre fleurons dorés au sommet ; le tout surmonté de l'ancien coq.

On établit une terrasse au-dessus de l'horloge, et Jean Hoyau, menuisier à Orléans, est chargé, en 1516, de construire les boiseries des grandes et petites orgues. La musique était en grand honneur à Cléry, depuis que Louis XI avait fait venir pour sa chapelle royale de prédilection des chantres de tous les pays. Il mit Cléry sur le même pied que la Sainte-Chapelle de Paris, lui accorda les mêmes privilèges, et y fonda force messes et offices divins qui

---

(1) Compte de forteresse d'Orléans, 1519-1521, CC. 568.

devaient être célébrés avec grand accompagnement de musique (1).

Le 30 avril 1516, G. de Pontbriant fait *habiller* la cloche *Charlotte* par Jean Sauvagère, charpentier en grosserie à Paris, et, le 22 mai 1519, Guyon Herby, fondeur à Orléans, passe un marché pour refondre les cloches *Marie* et *Guillaume* (2).

A cette même époque le curé de Saint-André de Cléry, la petite paroisse absorbée par la collégiale, Robert de Cokborne, évêque de Ross (3), et chanoine de Cléry, se piquant d'émulation, fit exécuter, en 1512, par Pierre Chapeau, menuisier à Orléans, une cloison en bois avec piliers à chapiteaux sculptés et semés de fleurs de lis, pour poser devant le grand-autel de Saint-André. Sur les piliers et sur le couronnement de la boiserie, étaient deux anges portant des chandeliers et deux images de saint André et de saint Pierre.

Mais l'activité de Gilles de Pontbriant concevait de plus vastes projets. Pendant son décanat, et en six ans seulement, de 1515 à 1521, c'est-à-dire aux premières années du règne de François Ier, l'église de Cléry fut augmentée de trois chapelles. Ce sont des œuvres toutes françaises, comme on va le voir, et qui se rattachent intimement à l'histoire de Chambord.

La chapelle Saint-Sauveur fut érigée par le chanoine Pierre Potier, et appuyée sur le mur gauche du porche, le long de la façade nord. Elle était terminée vers le 20 juillet 1521 ; en effet, par un acte, en date de ce jour,

---

(1) *Con musiche ed armonie*, dit l'ambassadeur vénitien, Jérome Lippomano.
(2) *Pièces justificatives*, n° XII.
(3) En Irlande. Il était aussi abbé de Notre-Dame de Quarente (diocèse de Narbonne) et de Saint-Lô (diocèse de Coutances).

le chanoine prend une disposition pour la fournir d'ornements et du mobilier religieux. Nous ne pouvons malheureusement parler de cette chapelle *de visu,* puisqu'elle fut détruite en 1820 (1), mais du moins pouvons-nous juger des soins qu'on apportait à sa décoration, par le nom d'un artiste orléanais qui n'est pas sans réputation. Le 16 janvier 1519 (n. st.), Benoît Bonberault, imagier à Orléans, contractait, à Cléry, avec P. Potier, un marché pour la fourniture d'une statue du Sauveur (conformément au vocable de la chapelle), avec un évêque, saint Aignan, à genoux et présentant au Sauveur un *priant,* qui n'était autre évidemment que le fondateur de la chapelle (2). Bonberault est reconnu digne, cinq ans plus tard, en 1525, de succéder au fameux Martin Cloistre, qui venait de mourir, pour l'exécution du tombeau de Guillaume de Montmorency et de sa femme dans l'église Saint-Martin de Montmorency (3).

Il nous est resté plus de renseignements pour la chapelle Sainte-Barbe, aujourd'hui Saint-Joseph, contiguë au mur gauche de la grande sacristie, dans l'aile du midi, et bâtie par Jean des Roches, chanoine de Cléry (4). Entre-

(1) M. de Torquat écrit que, dans une fouille faite en l'année 1856, on a trouvé dans un caveau de cette chapelle « des fragments d'une statue de saint, sans doute celle de « saint Aignan ». Elle avait été peinte et dorée, et présentait par devant une croix de chasuble très ornée, style XVe siècle, la figure du *Christ bénissant* et le *Mystère de l'Annonciation.* — Il est regrettable que ces restes se soient égarés, car des fragments même d'une œuvre de Benoît Bonberault seraient les bien venus au musée d'Orléans.

(2) *Pièces justificatives,* n° XIII.

(3) Ce marché a été publié et annoté d'une manière très intéressante par M. A. DE MONTAIGLON, p. 264-278, t. II, 3e série de la *Bibliothèque de l'École des Chartes.*

(4) Il était aussi prieur de Lorris en Gâtinais et abbé de Notre-Dame de l'Absye en Gastine (Poitou). Son neveu, René des Roches, était

prise vers 1515, cette chapelle était achevée, pour le gros œuvre du moins, au commencement de juillet 1518, puisqu'on a les quittances du couvreur et du charpentier. Jean Sermente, serrurier à Breuzy (1), promettait d'y poser, le 25 juin, une grille de fer pareille aux autres grilles de l'église.

Un artiste orléanais, l'imagier Aubert Marchant, s'engagea, le 10 avril 1518, à fournir pour cette chapelle, à la fête de la Pentecôte, quatre images de pierre représentant Notre-Dame, sainte Barbe, saint Jérôme et saint Claude et un *priant* qui était Jean des Roches, lui-même (2).

Cette œuvre de la sculpture orléanaise a malheureusement disparu.

Le plan de cette chapelle est hexagonal ; aux piliers, à la voûte, à d'autres parties intérieures et extérieures sont sculptées des quintefeuilles, qui se retrouveront à la chapelle Saint-Jacques. Celles de la voûte s'attachent sur une

seigneur de la Morinière, paroisse de Mur, en Sologne. C'est probablement lui qui rebâtit, en 1548, ce joli château, dans le style de François Ier. La date est gravée en relief sur une traverse du battant gauche de la porte de la petite chapelle, formant pendant avec la serrure du battant droit. La parenté entre Jean et René des Roches, ainsi que les renseignements qui vont suivre, tout confirme la tradition, que nous a rapportée M. Alex. Martinet, propriétaire de la Morinière, d'après laquelle ce château aurait été bâti par les ouvriers de Chambord.

(1) Hameau de Montcresson, arrondissement de Montargis (Loiret).

(2) *Pièces justificatives*, n° XIV. — Cet Aubert Marchant, dont le prénom a été lu : Hubert, est déjà connu comme ayant sculpté, dans l'église Saint-Germain d'Orléans, un rétable d'autel représentant l'*Histoire des trois Rois*. (BIMBENET, *Histoire de l'Université d'Orléans*, p. 43). — Était-il père ou parent du fameux François Marchant, auteur d'importantes sculptures autour du chœur de la cathédrale de Chartres, à l'abbaye de Saint-Père de la même ville ; et qui, avec Pierre Bontemps, eut l'entreprise du tombeau de François Ier ?

sorte de couronne, formée de sections d'arcs surbaissés, reliés par deux bandeaux, se coupant à angle droit. De là partent des nervures prismatiques, retombant accouplées sur des consoles qui représentent les quatre animaux évangéliques portant des phylactères.

Les restes d'une peinture, au-dessus de la porte, à l'intérieur, reproduisent la légende de saint Christophe ; les écussons du donateur (1) ont disparu dans une réfection partielle en 1874.

Trois fenêtres éclairent cette chapelle. Celle du milieu, à arc brisé, avec deux baies en plein cintre, trilobées, surmontées d'une rose ; les deux autres sont en plein cintre.

L'extérieur de la chapelle est simple, mais d'une grande élégance. Une balustrade surmontait autrefois la corniche qui est composée de quintefeuilles et de glands alternés avec des flammes ou des fuseaux. Des gargouilles modernes couronnent des contreforts ornés de deux charmantes niches à coquilles, dont le socle surtout est très délicatement fouillé. Le cul-de-lampe de la niche droite représente trois têtes grotesques, une de face entre deux profils, finissant en lambrequins déchiquetés et reliés par des fleurs de lis ; le tout est surmonté d'une grosse moulure de feuillages traversés par des rubans cannelés. Celui de gauche, composé de chimères séparées par des feuilles d'acanthe, a beaucoup souffert. Les jolis chapiteaux de Chambord ne sont pas plus soignés de travail que ces niches, toutes proportions gardées.

Comme il n'y a rien de tel que de prêcher d'exemple, le doyen de Cléry, pour obtenir de ses confrères la construction de ces belles chapelles et les fondations de ser-

---

(1) *D'azur, à une bande d'or, au lion rampant de gueules brochant sur le tout.*

vices qui en étaient la conséquence, en érigea aussi une sous le vocable de Saint-Jacques ou Saint-Pierre du Sépulcre (1).

Pour cette œuvre, Gilles de Pontbriant s'était associé son frère, François, le gouverneur de Loches, comme en témoignent leurs chiffres, leurs armes, aux émaux variés, et les termes de la fondation de la vicairie de Saint-Jacques (2), établie le 4 mars 1518 dans cette chapelle *déjà construite*. Ceci nous donne la date de l'achèvement, qui coïncide exactement avec celui de la chapelle Sainte-Barbe.

Il y a donc une grande présomption pour qu'elles soient sorties des mains des mêmes ouvriers. Seulement, comme ils travaillaient cette fois, pour le doyen, et un doyen très riche, et pour son frère, revêtu de hautes fonctions, ils changent leur manière, à part certains détails d'ornementation, tels que les quintefeuilles dont nous venons de parler. Autant l'une est traitée avec discrétion et sobriété, autant l'autre étale une profusion, une sorte de débauche de sculpture. La porte et la voûte, dans leur intégrité, pouvaient soutenir la comparaison avec l'église de Brou.

La chapelle Saint-Jacques s'ouvre dans la nef latérale

---

(1) Il y avait déjà à Cléry une chapelle de Saint-Pierre de la Tour, fondée en 1496 par Pierre de la Rivière.

(2) Il s'y forma une confrérie de Saint-Jacques, sur laquelle nous pourrions donner de curieux détails. Le culte de Saint-Jacques était du reste en honneur dans tout l'Orléanais. Les pèlerins d'Orléans construisaient, à la même époque environ, une superbe chapelle, près du vieux pont d'Orléans. Démolie récemment, à cause de la réfection du quartier du Châtelet, elle a été reconstruite pierre par pierre dans le jardin de l'hôtel-de-ville ; ce qui a permis, malgré de nombreuses dégradations, d'admirer en détail l'incroyable richesse de ses sculptures. On ignore le nom de l'artiste auquel est dû ce véritable chef-d'œuvre.

droite, près de la porte occidentale ; elle est fermée par une grille en bois portant la date de 1622. Les archivoltes de l'arc en tiers-point sont ornées : l'une, de bourdons, de coquilles, de cordelières et d'hermines ; l'autre, d'un réseau cordiforme très serré. Deux accolades à crosses, dont la plus basse ne se soupçonne que par ses arrachements, s'élançaient au sommet de l'arcade. La plus haute s'y rattache par des montants sur lesquels débordent des moulures prismatiques, découpant des baies de forme flamboyante. Les trois montants du centre portent la croix, avec deux niches à pinacles, veuves de leurs statues, qui étaient probablement à l'extérieur de la chapelle : la Vierge et saint Jean ; à l'intérieur : Adam et Ève ; on voit, du moins, encore le serpent.

Le mur de l'arcade est couvert, dans l'église, d'un semis d'hermines et de ponts (1). Ces motifs varient dans la chapelle, avec des cordelières ; ils sont sculptés, très en relief, sur des pierres incrustées après coup dans la muraille.

A droite, à l'entrée de la chapelle, et à gauche, au fond, devant l'autel, sont des retraits assez profonds, couverts de riches dais, à arcades cintrées et à pendentifs, voûtés à nervures, avec quintefeuilles aux croisements, et surmontés de pinacles à clochetons.

L'autel a été mutilé. Des panneaux, reproduisant les motifs des murs, sont accostés de pilastres, couronnés de jolis chapiteaux Renaissance, portant un encadrement, dont la frise est ornée d'une guirlande de G. et de F, noués

---

(1) Armes parlantes des Pontbriant, qui sont : *d'argent à la fasce bastillée d'azur, maçonnée de sable*, d'après Lainé. Les écussons peints au dais qui est à gauche de l'autel et qu'on suppose, pour ce motif, avoir couvert la sépulture des Pontbriant, semblent porter : *d'azur*, les uns, *à un pont de sable*, et les autres, *à un pont d'or*.

deux à deux par des entrelacs de cordelières (1). Un rétable, d'une facture plus moderne et très inférieure, contient une statue de saint Jacques, en bois et de grandeur naturelle, largement modelée et hardiment taillée ; la figure est d'une grande énergie. Peut-être pourrait-on la signer du nom de Pierre Loisonnier, « menuisier et tailleur d'ymaiges » à Orléans, auquel François de Pontbriant devait 54 livres au moment de sa mort (2).

La riche décoration de la porte se retrouve à la voûte. Des quatre angles, et du milieu des murs de la chapelle, s'élèvent six minces faisceaux de colonnettes, qui s'épanouissent à la voûte, et s'entrecroisent en un léger réseau de nervures prismatiques. Le plan de cette voûte forme deux travées ayant pour clefs deux écussons polychromés : au-dessus de l'autel, celui de France et de Bretagne (3) ; près de l'entrée, probablement celui des Pontbriant. Ces clefs servent de centre à deux grands losanges, joints par une bande, sur leurs angles obtus. Le tout est couvert d'enroulements sculptés en haut relief et très ajourés, et semble agrafé sur les nervures. Aux angles de ce motif central, de ce double losange, tombent des pendentifs, terminés par une couronne d'arcs flamboyants très délicats ; ils servent d'auréole à de mignons petits anges que leurs ailes semblent seules soutenir dans le vide. Dans les quarante-six compartiments ménagés par l'entrecroisement des nervures, ce ne sont que corde-

---

(1) M. l'abbé de Torquat y a lu F et C, et en fait une attribution erronée à François Ier et à Claude de France.

(2) Cette dette fut payée par ses exécuteurs testamentaires avec les autres charges de la succession.

(3) Ce sont les armes de François Ier et de Claude de France, celle-ci tenant de sa mère, Anne de Bretagne, le droit héréditaire à la souveraineté de cette province.

lières et hermines, alternées avec bourdons et sacs de pèlerins.

Cette voûte qui, par son luxe et sa hardiesse, étonne l'œil, au premier abord, est absolument charmante à examiner en détail. Malheureusement, beaucoup de ces anges, retenus par un simple ferrement, se sont envolés pour toujours. D'ailleurs, toute la chapelle de Saint-Jacques a subi de regrettables dégradations, et les hommes de goût souhaitent qu'une réparation, prompte et complète, la mette pour longtemps à l'abri des injures du temps et des hommes.

Pour couper court, nous ne parlerons pas de l'aspect extérieur, très agréable pourtant, avec ses deux contreforts sculptés de la base au sommet; et qui, par une balustrade très riche, s'appuient sur les rampants à crossettes du pignon; ni de la maison de l'Ermitage, bâtie par les deux frères, dans le style et avec les motifs de décoration de la chapelle, et donnée par eux au chapitre.

Nous nous sommes bien longuement étendu sur la description des deux chapelles de la Renaissance qui restent encore à Cléry; c'est que ces petites constructions, rapidement terminées, font mieux juger du style d'une époque et du talent d'un architecte qu'une cathédrale édifiée à plusieurs reprises et, par conséquent, achevée à une date bien éloignée du commencement des travaux. Or, nous sommes étroitement limité entre les années 1515 et 1521, au plus.

Mais quel artiste a donc élevé ces chapelles du Saint-Sauveur, de Sainte-Barbe et de Saint-Jacques? Nous n'avons pas, sans doute, comme pour les sculptures, rencontré des marchés fixant la tâche de l'ouvrier; mais nous avons trois actes notariés concernant un maçon qui était venu s'installer à Cléry, pendant cette même période de temps, et qui travaille pour l'église.

Le 12 septembre 1517 « Jehan Gobereau, maçon, demorant à présent à Cléry, confesse avoir eu et receu de Messieurs de Cléry la somme de quinze livres tournois sur le marché de la sépulture du roi ». Voilà, certes, une mention intéressante, mais désespérante par sa sécheresse. De quel roi s'agit-il ? Louis XI est le seul qui fut inhumé à Cléry ; et nous sommes bien éloignés de 1483, année de sa mort. Aurait-on élevé un monument au-dessus du cœur de Charles VIII ou, en supposant une légère erreur de rédaction, sur le corps de François, son dernier fils, qui ne rejoignit pas ses frères dans le superbe mausolée de la cathédrale de Tours ? Toujours est-il que l'ouvrier chargé d'une pareille besogne devait être un maître.

Le 8 mai 1519, le même « Jehan Gobereau, maçon et tailleur de pierre, demorant actuellement à Cléry », paye à un marchand du Nivernais l'achat de « ung cent de pavé, d'une table d'autel, une pierre de six piez de long en manière de mayneau, » etc.

Gobereau avait donc, outre le marché de la sépulture du roi, contracté pour l'église de Cléry un autre marché dont il payait les fournitures ; mais à quoi pouvaient servir ces fournitures, une table d'autel et un meneau de six pieds, sinon à l'érection d'une chapelle ?

Le troisième acte est ainsi conçu : « Le second jour d'aoust 1517, André Sordeau, maçon, demourant à Loches, confesse avoir eu et receu de Jehan Gobereau, maçon et tailleur de pierre, demorant à présent à Cléry, la somme de douze escuz d'or souleil ; laquelle somme ledit André Sordeau a promis bailler à Jacques Sordeau, père de la (*blanc*), femme dudit Gobereau, auquel Jacques Sordeau ledit Gobereau les presta, ainsy qu'il disait, etc. »

Ce document semble prouver l'origine lochoise de Gobereau (1) et montre des liens de famille assez étroits entre lui et André Sordeau. Nous trouvons une autre preuve dans la reproduction, à Cléry, des « parois tout ornées de cordelières et semées d'hermines » de l'Oratoire d'Anne de Bretagne, de Loches. Quoi de plus naturel, enfin, que de voir François de Pontbriant, gouverneur, et Gilles, chanoine de Loches, faire venir de cette ville, pour édifier leur chapelle de Cléry, un artiste dont ils connaissent déjà le mérite ! Quoi de plus simple que de croire qu'André Sordeau, venant voir à Cléry (2) son parent et confrère, ait pu l'aider de ses conseils, s'il jouissait lui-même de quelque talent ; or, c'est André Sordeau qu'on retrouve, de 1535 à 1539, avec le titre de « maître maçon conducteur de la besogne » du charmant hôtel-de-ville de Loches (3).

La chapelle Saint-Jacques de Cléry est donc un brillant échantillon, dans l'attente peut-être d'une commande plus importante.

Saint-Jacques se termine en 1518 ; Chambord commence en 1519.

(1) Un Gobereau était chanoine de Loches en 1680.
(2) La mention ci-dessus « maçon demourant à Loches » ne permet pas de croire qu'il ait fait à Cléry un séjour de longue durée.
(3) Edmond GAUTIER, *Construction de l'hôtel-de-ville de Loches*, etc. (*Mémoires de la Société archéologique de Touraine*, t. XVII, p. 83-105.)

IV

LES PREMIERS ARCHITECTES DE CHAMBORD

Par son passé, et par les importants travaux qu'il avait déjà dirigés, François de Pontbriant réunissait tous les titres à la fonction nouvelle de surintendant de la construction de Chambord. C'est bien le « notable personnaige en ce congnoissant (1), expérimenté, » des lettres royales.

Mais François Ier lui-même, comme tous les Valois, était doué, à un éminent degré, d'une intelligence largement ouverte aux beaux-arts, ainsi d'ailleurs qu'aux lettres et et aux sciences. Les relations des ambassadeurs vénitiens constatent qu'ils ont été séduits par ce brillant côté du caractère royal. Marin Cavalli, qui en écrivit la plus parfaite de forme et la plus profonde comme observation, s'exprime ainsi : « Ce prince est d'un fort beau jugement, d'un savoir très-grand ; à l'écouter, on reconnaît qu'il n'est chose, ni étude, *ni art,* sur lesquels il ne puisse raisonner très pertinemment ; et qu'il ne juge d'une manière aussi certaine que ceux-là même qui y sont spécialement adonnés (2). »

Tout le monde est d'accord sur l'art qui captiva surtout François Ier, cet esprit primesautier, amoureux des belles choses et du luxe extérieur. C'est l'architecture, dont le

---

(1) Ces mots mêmes : « En ce cognoissant » sont précisément les termes employés dans les constitutions d'experts pour la vérification de travaux, et nous les avons rencontrés plusieurs fois dans les *Comptes de clôture d'Orléans,* contemporains de l'époque qui nous occupe.

(2) *La Diplomatie vénitienne,* etc., par Armand BASCHET, p. 418.

goût flattait son besoin de prodigalité et lui permettait de réaliser ses rêveries grandioses. Il s'y livra donc avec toute la fougue de son tempérament et de sa jeunesse, s'entourant pourtant de conseils, car il aimait à demander l'avis des savants. Et lorsqu'il parle de « construire, bastir et édiffier ung bel et somptueux édiffice ou lieu et place de Chambord, en nostre conté de Bloys, selon l'ordonnance et devis que en avons faict », on peut se demander s'il n'en faut pas entendre aussi long qu'il a l'air d'en dire, prendre le document au pied de la lettre, ou croire, tout au moins, qu'il étudiait et discutait avec Pontbriant les plans des architectes.

D'après les renseignements de M. de La Saussaye et les notes érudites de M. de Montaiglon sur les *Mémoires pour servir à l'histoire des maisons royalles de France*, comme aussi par l'aspect seul de la façade de Chambord, l'on sait et l'on voit que ces plans ont varié, non seulement pour la partie centrale et le grand escalier, mais encore pour l'ensemble de la construction.

Toutefois, le goût d'un jeune roi et l'expérience d'un vieux chambellan ne pouvaient suffire pour élever une pareille masse architecturale. Il fallait un homme de l'art, un architecte, disons-nous maintenant, un maître de l'œuvre de maçonnerie, comme ils s'intitulent au XVIe siècle.

Qui va-t-on choisir?

Nous n'avons pas l'intention de revenir sur une question bien des fois débattue, celle de l'influence de la Renaissance italienne sur l'école architecturale française au XVIe siècle. Cette influence était regardée comme prépondérante, il y a cinquante ans. C'était une sorte de dogme admis et propagé couramment dans l'enseignement artistique et littéraire, à l'époque où nos écoles romane et gothique étaient tenues en profond dédain. Chambord était alors proposé comme type de l'introduction de la Renaissance italienne, par François Ier, à son retour en France après Pavie et Madrid ; et il semblait tout naturel que le Primatice eût été l'architecte de cette merveille. « On serait tenté de croire, dit Merle, l'un des plus sérieux historiens de Chambord, que le Primatice a voulu laisser un monument singulier pour indiquer l'époque qui a séparé la barbarie de la renaissance des arts. »

Mais la science a marché ; même avant qu'on connût la véritable date de sa construction, l'attribution de Chambord au Primatice ou à Vignole, bientôt contestée, devenait insoutenable devant la vérification des dates de leur arrivée en France. Puis, à mesure que l'on dépouillait les archives, on retrouvait les noms des maîtres de l'ancienne école française, et l'on appréciait plus justement les mérites de leurs œuvres. La réaction contre les Italiens, lente à se produire, devint vite exagérée ; elle se maintient actuellement dans les limites d'une impartialité absolue.

On reconnaît l'indépendance complète de l'école des bords de la Loire, qui se manifeste par une ordonnance et une ornementation essentiellement originales et françaises, sans repousser l'imitation de l'antique, mais en la pratiquant par exception et seulement dans quelques détails. La Renaissance française, née dans nos provinces du Centre, s'y développe et y meurt, lorsque la Cour abandonne ces mêmes provinces pour rentrer dans Paris et dans les châteaux environnants : Saint-Germain-en-Laye, Fontainebleau, etc. Là, le goût italien domine rapidement et s'assujétit les artistes indigènes, qui le répandent à travers toute la France.

Ce n'est pas nier en principe qu'une certaine influence italienne ait été introduite par les rois de France à partir de la fin du XV⁰ siècle, antérieurement à François I⁰ʳ, par conséquent, même dans le Blaisois et la Touraine ; mais il convient peut-être ici de restreindre cette influence aux limites largement comprises de la décoration intérieure, avec tableaux et statues, et de l'ameublement de luxe, comme on le comprend aujourd'hui. Expliquons-nous.

La branche des Valois avait le goût inné des arts ; ce goût, ils ne l'ont pas acquis en Italie, mais il a pu s'y développer, s'y épurer, par comparaison ou bien au contact de belles œuvres, qui n'ont pas leurs similaires en France, entrevues dans les rapides expéditions d'Italie.

Comme tous les voyageurs, ils ont rapporté de ce pays des tableaux, des statues, et aussi des objets de curiosité, des meubles étranges, des cabinets incrustés de bois variés, de marbre et d'ivoire. Ils ont ramené d'Italie des artistes, ou plutôt des ouvriers spécialistes en des genres peu connus, ou que notre pays, enchaîné par la guerre anglaise dans les habitudes du moyen âge, avait peu pratiqués ; ainsi des ouvriers en stucs, des modeleurs en terre cuite dans le genre des Della Robbia, d'habiles parqueteurs en marqueterie et des constructeurs et décorateurs de plafonds ; et ces *intarsiatori*, dont les œuvres sont aujourd'hui si recherchées. N'est-ce pas Charles VIII qui écrivait de Naples, en 1495, au duc de Bourbon : « J'ai trouvé en ce pays des meilleurs paintres...., pour faire aussi beaulx planchiers qu'il est possible, et ne sont des planchiers de Bauxe, de Lyon et d'autres lieux de France en riens approchans de beaulté et richesse ceux d'icy... (1). »

(1) *Archives de l'Art français*, t. I, p. 274. Peut-être s'est-il glissé quelques incorrections dans la pièce gothique d'où M. B. Fillon a extrait ce passage ? ainsi, *Bauxe* ne se comprend pas. Aussi lui a-t-on fait subir des transformations ; mais elles ne satisfont pas davantage. M. Cantu écrit : *Paux*, dans son article intitulé : *Gli*

Ce sont de ces artistes surtout, d'après les listes connues, que Charles VIII amène en France ; et encore : des jardiniers, pour adoucir en pentes harmonieuses les vieilles terrasses, tirées au cordeau et les chemins de ronde ; des ingénieurs, pour faire serpenter les eaux dans ces jardins de création récente, pour y jeter pittoresquement des ponts.

Tous ces raffinements étaient ignorés ou à l'état rudimentaire en France.

On introduit bien aussi chez nous quelques sculpteurs et peintres, mais pas encore d'architectes ou de maçons. On n'en avait que faire pour construire des châteaux-forts et des donjons ; les modèles ne manquaient pas en France, ni les artistes.

Les étages inférieurs et le plan général de Chambord sont bien français à cet égard. Quant à la partie supérieure, ces formes élancées, ces toits aigus, ces cheminées, sont français aussi d'esprit et de goût ; et en opposition complète avec les habitudes, le caractère des constructions, le climat même de l'Italie. On n'en voit ni dans le Milanais, ni dans l'Astésan, ni autour de Pavie : comment alors expliquer leur importation en France par des Italiens ? D'ailleurs les ambassadeurs vénitiens du XVIe siècle affirment qu'ils n'ont jamais rien vu d'aussi beau que Chambord (1). Ce témoignage est significatif ; si c'était une œuvre italienne, et on ne l'ignorait pas à cette époque, il n'est pas douteux qu'ils l'eussent proclamé bien haut.

Non, il faut évidemment s'en tenir, pour Chambord, et

Sforza e Carolo VIII (Archivio storico Lombardo, anno XV, fasc. II, p. 346); et M. Paul Sédille emploie le mot : *Beauce*, qui n'étonne pas moins. (*Gazette des Beaux-Arts*, avril 1888, p. 343.)

(1) « E con tutto ch'io abbia veduti molti edifizii superbi á miei giorni, non v'ho veduto alcuno nè più ricco di questo », dit Jérome Lippomano, ambassadeur vénitien en 1577.

nous sommes heureux d'en apporter une nouvelle preuve, à la phrase originale, aussi sincère que profondément française, de Viollet-le-Duc : « C'est quelque Claude ou Blaise, de Tours ou de Blois, qui aura bâti Chambord, et, si le Primatice y a mis quelque chose, il n'y paraît guère. »

Ce Claude ou Blaise, M. de la Saussaye l'identifie avec Pierre Nepveu, dit Trinqueau, à l'aide de documents portant la date de 1536. Cette découverte avait une réelle importance, puisqu'elle portait le dernier coup aux velléités de revendications italiennes. Aussi, le nom de Pierre Nepveu, demeuré si longtemps obscur, brille tout à coup d'un vif éclat, grâce au patronage du savant membre de l'Institut; et il est admis, à côté des Jean Bullant et des Philibert de l'Orme, sur la liste des maîtres français, avec le titre de *premier* architecte de Chambord.

Cette qualification primordiale est excessive peut-être. Certes, Nepveu fut architecte de Chambord comme, après lui, J. Coqueau; cela est hors de doute. Mais fut-il le premier, sans partage? Doit-on le considérer comme le seul auteur du plan de cet étonnant édifice? Voilà ce qui reste à examiner.

Nous le ferons sans parti pris, n'étant inféodé ni à Blois, ni à Amboise, ni à Loches, échappant par conséquent à l'esprit de clocher, qui fait toujours pencher un peu la balance dans une discussion, qu'on le veuille ou non.

M. de La Saussaye, de Blois, inclinait tout naturellement à faire de cette ville la patrie de P. Nepveu. M. E. Cartier, d'Amboise, le revendique à plus juste titre. Il est appuyé par d'heureuses découvertes, faites dans les archives d'Amboise, par M. l'abbé Chevalier, l'un de ceux qui ont contribué à remettre P. Nepveu en honneur. Il y retrouve, du XV° au XVII° siècle, tant de Nepveu et de Trinqueau, qu'il y aurait mauvaise grâce à ne pas reconnaître Amboise comme le berceau de cette famille.

Quant au personnage lui-même, il le montre, en 1508, travaillant à Blois sous un maître, petit compagnon, suivant son expression, recevant un modique salaire. Était-il donc en état, onze ans seulement après, en 1519, d'être mis seul à la tête de l'entreprise de Chambord?

M. l'abbé Chevalier se rapproche d'ailleurs beaucoup de cette date, par un document antérieur à tous ceux que l'on connaît. Dans un compte de 1524, il relève cette mention (1) :

« A maistre Pierre Nepveu dit Trinqueau et maistre Denis Sourdeau, maistres maçons ayant la charge du bastiment de Chamboure, la somme de cent solz tournois par le commandement des esleuz pour estre venus dudit lieu de Chamboure exprès en ceste ville d'Amboise pour faire ordonnance et bailler leur oppinion pour faire besoigner au pillier auquel l'on a fait réparer. »

A ce précieux document, nous en joindrons un autre, fourni par un *Compte de clôture* d'Orléans pour l'exercice 1525-1527. Nous y rencontrons encore Denis Sourdeau, seul cette fois, et qualifié comme il suit : « maître maçon demeurant à Blois, ayant la charge des ouvrages de maçonnerie que le Roy fait faire à Chambord (2) »

C'est, à peu de chose près, le titre que portent ci-dessus Nepveu et Sourdeau lui-même, et que portera plus tard

---

(1) Compte premier de Florentin du Ryau. (Arch. d'Amboise, CC, 126 f° 67. p. 215 de l'*Inventaire analytique*.)

(2) F° 151 r° et v° du compte de clôture d'Orléans pour 1525-1527. Denis Sourdeau y est nommé plusieurs fois. — *Pièces justificatives*, n° XV.

J. Coqueau (1). On est presque unanime à reconnaître qu'il équivaut, de nos jours, à celui d'architecte.

Voici dans quelles circonstances le nom de Sourdeau est mêlé à l'histoire d'Orléans.

Vers la fin du XVe siècle, la ville d'Orléans, se trouvant trop à l'étroit, brisa la vieille muraille de Philippe-Auguste et de Jeanne d'Arc, qui l'enserrait de toutes parts. Elle doublait, et au delà, la superficie de l'ancienne cité gallo-romaine, y confondait les annexions successives : le bourg d'Avenum, le bourg Neuf et les bourgs de Saint-Aignan et Saint-Euverte, Elle ouvrait ses rues dans les champs des anciens faubourgs du côté de la Beauce, et décidait d'élever une nouvelle enceinte fortifiée, sur un périmètre étendu jusqu'à la limite des boulevards actuels.

Ces constructions furent longues et coûteuses, et donnèrent lieu à de nombreux marchés dont l'exécution ne fut pas toujours scrupuleusement observée. Une partie de murailles bâtie par Jean Mynier et Jean Le Merle, maîtres maçons de la ville d'Orléans, et principaux entrepreneurs, s'étant écroulée tout à coup, les échevins firent une enquête (2). On choisit alors comme experts huit maîtres

---

(1) C'est à tort que ce dernier est appelé *Coquereau* par Félibien et *Cogneau* par Salmon. (Bibl. de l'École des Chartes, 18e année, p. 68.)

(2) Les murailles tombées étaient entre la tour Bellenaves (derrière Saint-Paterne) et la tour commencée en face le jardin de Jean Brachet (entre les rues des Huguenots et des Anglaises). Les experts choisis furent Pierre Chausse et Jean Bernardeau d'Orléans, Guillaume Palvoisin de Bourges, Simon Hallotin de Chartres, Gervaise Couldroy de Blois (Étienne Tournon s'était excusé), et Denis Sourdeau de Chambord. Ils logeaient à l'hôtel de la Monnaie, et Denis Sourdeau, entre autres, consacra vingt-huit jours des premiers mois de l'année 1527 à cette expertise, qui fut en tous points favorable aux intérêts de la ville.

des œuvres de maçonnerie ou principaux maîtres maçons des villes voisines : Blois, Bourges, Chartres ; on en désigna deux d'Orléans même, et l'on prit Denis Sourdeau, architecte de Chambord, l'œuvre la plus considérable de la contrée.

Revenons aux documents dont il vient d'être parlé.

Nous ne chicanerons pas Mgr Chevalier sur l'argument qu'il tire de son acte de 1524 pour affirmer la construction de Chambord en 1523 ; cette erreur était dans la logique des choses, puisque notre document de 1519 était encore ignoré. Nous devons toutefois reprocher respectueusement à cet érudit d'écarter systématiquement Sourdeau, pour maintenir Nepveu comme seul architecte de Chambord, depuis l'origine jusqu'à l'époque de son décès, vers l'année 1540.

Pourquoi cette exclusion ? Pourquoi traiter différemment deux artistes mis sur un pied de parfaite égalité dans le compte de 1524, que Mgr Chevalier regardait comme presque contemporain de la création de Chambord ? Expliquer, cet oubli, cette préférence injustifiable, nous semble difficile. Quant à les fonder sur ce motif que Denis Sourdeau était complètement inconnu, il faut avouer que la notoriété de Nepveu est aussi de bien fraîche date.

D'ailleurs nos documents de Cléry viennent de mettre en lumière Jacques Sordeau, André Sordeau, déjà connu comme architecte du charmant hôtel-de-ville de Loches, et leur allié Jean Gobereau, constructeur de la chapelle des Pontbriant. Denis Sourdeau est un nouveau rejeton de ce tronc artistique. Leur origine est lochoise et une obligeante communication de M. Édouard Gautier, le savant qui connaît le mieux l'histoire de Loches, nous apporte la preuve surabondante, d'après les registres d'état-civil du XVIe siècle, que cette ville possédait alors beaucoup de membres de la famille Sourdeau, dont plusieurs étaient maçons (1).

Les Sourdeau sont donc, pour Loches, ce que sont les Trinqueau pour Amboise.

Si nous résumons ce qui a été dit ci-dessus de François de Pontbriant, « personnaige en ce congnoissant, expérimenté, » chargé en 1519, l'année qui suit la construction de sa chapelle à Cléry, de diriger l'œuvre de Chambord, nous trouverons tout naturel qu'il ait fait profiter son jeune roi de l'expérience qu'il avait acquise dans une longue carrière. Il était à Amboise en un temps où Pierre Nepveu sortait à peine d'apprentissage ; mais à Loches, dont il administrait depuis longtemps le gouvernement, il connaissait tous les Sourdeau et les Gobereau ; et pouvait apprécier leur talent.

Aussi voyons-nous Denis Sourdeau, avec le titre d'architecte de Chambord en 1524. (Peut-être s'était-il adjoint déjà Jean Gobereau ?) Mais nous irons plus loin, et nous ajouterons que si, comme il est vraisemblable, l'influence de Pontbriant a décidé un pareil choix, elle prévalut dès l'origine, au moment où François Ier ordonnait la reconstruction du château. On est forcé d'ailleurs de restreindre cette influence dans un champ bien étroit, car le gouverneur mourut le 11 septembre 1521 (2).

La fortune de Sourdeau survécut longtemps à son protecteur, puisqu'il est encore architecte en titre de Chambord, lors de son voyage à Orléans, janvier 1527 (3).

(1) *Pièces justificatives*, n° XVI.
(2) Vol. III des *Bulletins de la Société archéologique de Touraine*. (Extraits du nécrologe de l'église collégiale de Loches.)
(3) Il n'est point parlé de Pierre Nepveu dans ce document, mais nous pensons que la situation des deux artistes est, en 1527, analogue à celle de 1524.

Puis le silence de l'histoire s'appesantit de nouveau sur tous nos personnages. Dix ans se passent. Félibien et Cartier indiquent, pour 1536, Pierre Nepveu comme « maistre de l'œuvre de maçonnerie du baptiment du chastel de Chambord. » Sourdeau et Gobereau n'ont point disparu pour cela. Immédiatement après Nepveu, qui est payé 27 sous et demi par jour, on lit sur la liste des artistes de Chambord (1) :

« Denis Gourdeau, qui avoit la conduitte des traits de maçonnerie des dits édifices, 20 sols par jour.

« Jean Gobreau, maitre maçon, ayant aussi la conduitte d'une autre partie des dits édifices, 20 sols. »

Tous les autres artistes sont payés un bien moindre prix.

Ces deux articles concernent nos personnages ; mais Sourdeau a été travesti en Gourdeau, par une faute de lecture ou d'impression bien manifeste.

Sourdeau semble donc ici subir une déchéance ; l'influence de Pontbriant s'effaçait avec son souvenir. L'architecte qui avait contribué à l'établissement des plans et à la direction générale des travaux de Chambord n'est plus employé qu'en sous-ordre, ainsi que Gobereau. Tous deux sont chefs d'atelier, chargés sans doute personnellement des parties les plus délicates de la sculpture, où l'on admire tant de chefs-d'œuvre.

Leur tâche reste encore assez belle, à une époque où le goût de l'architecte est merveilleusement secondé par celui des artistes dont il se ménage le concours. Une marge très ample est alors généreusement accordée à l'initiative individuelle ; et chacun s'abandonne, dans les détails d'une riche ornementation, aux inspirations capricieuses de sa

---

(1) La Saussaye, 8e éd., p. 122.

verve. L'encadrement régulier des lignes architecturales met d'ailleurs à l'abri de toute confusion et de tout écart, permettant cette combinaison de l'harmonie et de la variété, qui est la qualité maîtresse de l'art.

Après avoir rappelé la part considérable qu'il convient d'attribuer aux Sourdeau et à Gobereau dans les constructions de Cléry et de Chambord, nous serons heureux de leur voir restituer à côté de Nepveu, pour ne pas dire au-dessus de lui, pour Denis Sourdeau du moins, une place honorable dans l'histoire de nos artistes français.

PIÈCES JUSTIFICATIVES

I

1519
(6 septembre.)

Commission donnée par le roi François Ier à son maître d'hôtel, François de Pontbriant, pour diriger et payer la construction du château de Chambord.

François, par la grâce de Dieu, roy de France, A nostre amé conseillier et maistre d'hostel ordinaire, Françoys de Pontbriant, salut. Comme nous ayons puis naguères ordonné faire construire, bastir et édiffier ung bel et somptueux édiffice, au lieu et place de Chambort, en nostre conté de Bloys, selon l'ordonnance et devis que en avons faict; et que, pour avoir l'ueil, regard et superintendence, ou fait et construction dud. bastiment et aussi pour ordonner de tous et chascuns les fraiz, payemens et despences d'icelluy, soit requis et très nécessaire commectre et depputer quelque bon, vertueux et notable personnaige en ce cognoissant, expérimenté et en qui ayons toute seurté et fiance. Savoir vous faisons que nous, ce considéré, confians à plain de voz sens, preudence, loyaulté, preudhommie, dilligence et longue expérience, vous avons commis, ordonné et depputté, commectons, ordonnons et députons à faire faire et parfaire ledit édiffice et bastiment de Chambort. Et, avec ce, vous avons donné, octroyé, donnons et octroyons, par ces présentes, plaine puissance et auctorité de ordonner ou faire ordonner par voz commis et depputez de tous et chascuns les payemens, fraiz, mises et despences, qui seront nécessaires pour le faict et construction dud. bastiment. Lesquelz payemens qui ainsi seront faitz par l'ordonnance de vous et de vos dits commis nous voullons servir à l'acquict du commis au payement dudit bastiment et estre d'autel effect, valeur et vertu, que si par nous de nostre ordonnance avoient esté faitz ; et quand à ce les avons vallidez et auctorisez, vallidons et auctorisons par cesdites présentes signées de nostre main. Si vous mandons que vous vacquez et entendez, et faictes vacquer et entendre dilligemment, par vosdits commis, au faict de ceste présente charge et commission. Car tel est nostre plaisir. Donné à Bloys, le VIe jour de septembre, l'an de grâce mil cinq cent dix-neuf, et, de nostre règne, le cinqiesme (*sic*).

FRANÇOYS.
Par le Roy : ROBERTET.

Mandement original. Bibl. nat., Fr., 25720 : 142.

II

1526

(9 décembre.)

Mandement à Raymond Forget, commis au règlement des dépenses à faire pour le château de Chambord, de payer à Charles, bâtard de Chauvigny, chargé de diriger les travaux, la somme de 1,200 livres tournois. — Saint-Germain-en-Laye.

Original. Bibl. nat., Fr., 25720 : 260.

III

1527
(26 juin.)

Françoys, par la grâce de Dieu, roy de France, A nostre amé et féal Anthoine Juge, par nous commis à lever et recouvrer les restes de l'octroy à nous fait, des douze cens mil livres tourn. par les églises et le clergié de nostre royaulme, salut et dilection. Nous voullons et mandons que, des deniers provenus de vostre dite commission, vous payiez et bailliez comptant, à nostre cher et bien amé Mᵉ Raymond Forget, secrétaire de nostre très chère et très amée seur unicque, la Royne de Navarre, et par nous commis à tenir le compte et faire le paiement de la despense et bastimens que nous faisons et ferons faire cy après au lieu, place et chasteau de Chambort, la somme de mil livres tourn..... pour convertir et employer ou fait de sadite commission (en outre des sommes déjà données pour ce fait). — Saint-Denis.

Françoys.
Par le Roy : Gedoyn.

Original. Bibl. nat., Fr. 25721 : 268.

IV

1527.

Françoys, par la grâce de Dieu, roy de France, A nostre amé et féal Raymond Forget, par nous commis,.... nous voulons et vous mandons que, des deniers qui vous ont esté ou seront cy après ordonnez pour convertir,.... maistre maçon ayant la charge desdictz bastimens et édiffices de nostredit chasteau, la somme de six cens,.... vacqué par nostre commandement et ordonnance verballe, l'espace de vingt-sept mois fynyz le dernier jour..... Chambort, pour la garde des matières et aultres choses qui estoient demeurées en place après ledit,.... certiffiez par le sieur de Herbault, lors commissaire, et Anthoine de Troyes, contrerolleur dudict Chambort,.... voulons ladicte somme de VI^c. VIII l. t. estre allouez,..... etc.

Donné à,.... nostre règne, le treizeiesme...

FRANÇOYS.

Original. Bibl. nat., Fr. 25721 : 279. (Pièce en largeur très-endommagée. Il ne reste plus que le tiers gauche, et le nom du maçon a disparu.)

V

1527

(Septembre.)

Rôle de payement des ouvriers et matériaux pour les travaux de Chambord.

. . . .

Appareilleux sur la taille de ladite maçonnerie au pris de VII s. VI d. par jour :

Jean Bourgeois, Jean Benoist, Mathurin Poullet, Jean Martin, appareilleurs, tous XXIV jours — chacun IX liv.

Autres appareilleux sur icelle taille au pris de VI s. III d. par jour :

Olyvier Ryotte, Guillaume Le Hurteulx, Médart Richard, Guillaume le Conte, Jean Girard, Jean Musnier, Jean d'Auvergne, Jean Préau, Gaillard de l'Espine ; tous XXIV jours — chacun VII liv. x s.

Maçons au pris de VI s. par jour :

Gonnyn Coullombet, XX jours — VI liv. — Jacques Coqueau, Jean Loys, Jean Gruet, André Deschamps, Guyon Bruyant, Pierre Laboureau, XXIV journées — chacun VII liv. IIII s. — Nicolas Gaussouyn, VIII journées, XLVIII s.

Autres maçons au pris de V s. par., par jour :

Guillaume Dasse, Jacquet Bourgeois, Jean de Bloys, Pierre Thuelasne, François Mallerbe, Jean Hamelin, Pierre Nevers, Julien Piau, XXIV journées — VI liv. ; Mathurin Daguenet, Geoffroy Cheval, VIII journées, XL s. p. — Antoine de la Borde, Philippe Carré, Pierre Perruchot, XXIV jours, VI liv. — Mathurin Vanelle, VIII jours, XL s. — Guillaume Himbert, Pierre Tournon, Michau Hervé, XXIV j., VI liv. — Martin Loys, VIII j., XL s. — Pierre Le Franc, XXIV j., VI liv. — Estienne des Touches, XXII j., CX s. — Étienne Préau, Antoine du Pont, Jean Brysson, Guillaume Guereton, Jean le Boysteux, Florentin Gerbault, Jean Rigault, Jean Mabille, Jean Bonnouvrier, XXIV j., VI liv. — Martin de Lavau, XX j., C s. — Regnault du Boys, Pierre et Mathurin Champion, XXIV j., VI liv. — Jean Gaudin, XXIV j., CX s. — Jean du Boys, Pierre Bardet, VIII j., XL s. — Jean Berruer, Pierre Bigoteau, Jean Le Clerc, Colin Boutin, Gacien Gadin, XXIV j., VI liv. — Jacques Gobereau, VIII j., XL s. . . . .

. . . .[Ici manquent au moins quatre feuillets]. . . .
. . . .

A eulx la somme de six vingtz quinze livres tourn. pour LX autres marches de pierre de Chilly, chacune de IV piez et demy de long, au pris de XLV s. pièce vall. lad. somme de... VI^{xx} XV liv. Plus à eulx la somme de quatre vingtz cinq livres cinq solz tourn., pour LXII autres marches de lad. pierre de Chilly, chacune de trois piez et demy de long à XXVII s. VI d. pièce vall. lad. somme IIII^{xx} V liv. V s.

Plus encores aux dessusdits marchans la somme de VIII^c XXIV liv. XVII s. I d. t., pour IIII^M II^c XXX cartiers de pierre de Bourray, par eulx fourniz aussi comme dessus, durant ledit moys, au pris de XIX liv. X s. le cent, vall. ensemble, aud. pris, lad. somme de VIII^c XXIV l. XVII s. I d. t.

Plus à eulx, le Pelletier L'arrondeau et Bonnemer, marchans, la somme de vi^{xx} ix liv. v s. t., à eulx aussi ordonnée pour iiii^{xx} xiv blozc autre pierre de la perrière de Belleroche, par eulx fourniz et renduz comme dessus, au pris de xxii s. vi d. pièce, vall. lad. somme de vi^{xx} ix liv. v s.

Plus à eulx, la somme de xxvii liv. x s. t. pour xl demyz blocz de lad. pierre de Belleroche au pris de xiii s. ix d. pièce, vall. lad. somme de xxvii liv. x s.

Plus à eulx, la somme de huit livres t. pour xvi cartiers de lad. pierre de Belleroche, au pris de x s. p., vall. lad. somme de viii liv.

Plus à eulx pour ung parpaing de lad. pierre de Belleroche la somme de xiii s. ix. d.

Somme de lad. pierre de Saint-Aignan, Bourray et Belleroche, ii^{m} v^{c} lxxxi liv. x d.

Matières délivrées durant led. moys pour le fait desd. édiffices :

A Jehan Bouteroe et Guillaume Bouteroe l'aisné, marchans, la somme de xxxii liv. ix s. t. à eulx ensemblement ordonné pour ii^{c} xxxvi toises de cyaige et repartaige par eulx fourniz et livrez durant led. moys et renduz sur l'astellier dud. lieu de Chambort, pour servir à eschafaulder et mectre sur les traynes au-dedans du dangeon desd. édiffices, au pris de ii s. ix d. la toise, vall. lad. somme de xxxii liv. ix s.

Somme toute de ce présent roole : quatre mil neuf cens quatre vingtz douze livres douze solz cinq deniers tourn.

Nous, Charles, Bastart de Chauvigny, escuier, s^{r} du Murac en la Marche, commissaire ordonné par le Roy notre sire sur le fait des bastiments et édiffices que led. s^{r} a ordonnez estre faictz au lieu de Chambort, certiffions à noss^{rs} les gens des Comptes et tous autres qu'il appartiendra, que de notre ordonnance et commandement, Messire Guillaume le Lièvre prebstre a continuellement résidé, dit et célébré messe pour chacun jour de ce présent mois de septembre, aud. Chambort, et que les commissaires, m^{es} maçons et autres maçons et manœuvres, les mareschal, menuysier, charrons, charpentiers, buscherons, chartiers, avec leurs harnoys et chevaulx et autres ouvriers, ont mises et employées les journées, et que les perriers et marchans ont fourny les cartiers et marches de pierre tendre Saint-Aignan, Bourray et de Belleroche, pierre dure, moyson et autre marchandise, et aussi que les maçons tailleurs ont taillé à carreau, serches, marches, traynes, petites cheminées et rolleaux à l'enticque, les pierres cy-dessus et dont du tout est faicte mention cy-devant en ced. présent roolle conten. quatorze fueilletz de parchemin escriptz icell. comprins, pour les édiffices dud. Chambort durant ced. présent moys de septembre. Lesquelles journées et choses dessus dictes, après les avoir tauxées comme raisonnables, les avons trouvées monter lad. somme de quatre mil neuf cens quatre vingtz douze livres douze solz cinq deniers tourn. Laquelle nous avons ordonnée estre payée par maistre Raymond commis cy-dessus à ung chacun des dessusnommez en ced. présent roolle. Ce que par icelluy Forget a depuis esté fait et payé en notre présence. En tesmoing de ce nous avons signé ces présentes de notre main, le xxixe jour d'octobre, l'an mil cinq cent vingt sept.

DE CHAUVIGNY.

En la présence de moy, Anthoine de Troyes, sieur de Villevaut, receveur des levées et turcies des rivières de Loyre, Cher et Sauldre, et commis par le Roy notre sire à faire le contre-rolle de la despense desd. bastiments et édiffices, que led. sieur a ordonnez estre faictz aud. lieu de Chambort, tous les dessusd. chappellain, maistres maçons, commissaires et autres maçons et tailleurs de pierre, mareschal, menuysier, charrons, charpentiers, manœuvres, chartiers, perriers et autres marchans, Ont confessé avoir eu et receu de Me Raymond Forget, commis par le Roy notred. s., à tenir le compte et faire le paiement de la despence d'iceulx bastiments et édiffices, la somme de quatre mil neuf cens quatre vingtz douze livres douze solz cinq deniers tournois, à eulx ensemblement ordonnée pour les messes, journées, peines, sallaires et vaccacions, taille de pierres à carreau, serches, marches, traynes, cheminées, rolleaux à l'enticque, et autre taille, moyson, pierre tendre de Sainct-Aignan, Bourray et Belleroche, et aultres marchandises qui ont esté mises et délivrées durant ledit moys de septembre pour iceulx édiffices, ainsi qu'il est plus au long et a plain spéciffié, contenu et déclairé, en chacun des articles de ce présent roolle, contenant quinze fueilletz de parchemin escriptz icelluy comprins. De laquelle somme de IIII^M IX^c IIII^{xx} XII liv. v d., tous et ung chacun des dessusnommez en tant que a ung chacun touche et peult toucher, tant en général que particulier, se sont tenuz pour contans et bien payez. Et en ont quicté et quictent led. Forget, commis susdit, et tous autres. Tesmoing mon seing manuel cy mis le XXXe et penultime jour d'octobre, l'an mil cinq cens vingt sept.

DE TROYES.

Rôle original. Bibl. nat. Cabinet des titres. Pièces origin. Chauvigny : 11. (Cette pièce importante se composait originairement de quatorze feuillets ; il n'en reste que huit. Les listes d'ouvriers sont ici résumées.)

VI

1527

(8 octobre.)

Charles, bâtard de Chauvigny, « commissaire ordonné par le Roy nostre s^r sur le fait des bastimens et édiffices que ledit s^r fait faire et fera faire cy après au lieu, place et chastel de Chambort », a reçu de Forget 1,200 liv. t. pour son état et pension à cause de cette commission pour une année. (1er octobre 1526 — 30 septembre 1527.)

DE CHAUVIGNY.

Bibl. nat. Cabinet des titres, Chauvigny : 10.

VII

1532

(13 juillet.)

En la présence de moy, Thomas Arnoton, clerc, notaire et tabellion juré, ès paroisses de Sainct-Dyé, Muyde et Montlivault, du scel royal establi aux contractz des bailliage et chastellenie de Bloys, et des temoings soubzscriptz, Estienne Tournon l'ainsnay. Jehan Rigault, Françoys Le Jait, Robin Delapleine, Noël Bournay et Geoffroy Raboyn, tous maçons et tailleurs, ont congnu et confessé avoir eu et receu de Maistre Raymond Forget, commis par le Roy à tenir le compte et faire les payemens de la despense des bastimens et édiffices que ledit sieur faict faire en son lieu et place de Chambort, la somme de trente livres tourn. de l'assignacion de xxx^M liv. t. baillées par le Roy nostre dits. en l'an présent mil v^c xxxij pour le quartier d'avril, may et juing, ès espèces de douzains, dizains, treizains, testons de dix solz,.... gros de trois solz et lyars, receue au coffre de l'espargne, au chasteau du Louvre à Paris, comme il appert par la quictance dud. Forget, dactée du deuxième jour de ce présent moys de juillet mil v^c xxxij, à eulx ordonnée par Charles, bastart de Chauvigny, escuyer, s^r de Murac en la Marche, commissaire ordonné par ledit s^r sur le faict desd. édiffices, pour avoir par eulx faict en tasche ung faulx roc pour descharger une des traynes de pierre qui est ou quanton du vent d'amont avec une chemynée, une huysserie, et autre maçonnerye par eulx faicte en tasche au dangeon dud. chasteau, comme plus au long est spécifflé au devis et marché de ce faict et passé par ledit juré le vingtième jour de juing derrenier passé, et par le roolle de ce deuement expédié pour le moys de juillet aussi derrenier passé par les commissaire et contrerolleur dud. Chambort. De laquelle somme de xxx liv. t. lesdiz maçons se sont tenuz pour contans

4.

et bien payez, et en ont quicté et quictent led. maistre Raymond Forget, trésorier susd. et tous autres. Promect. Obl. Ren. Présens : Jehan Reboursay et Gencian Champyon, tesmoings, etc...
Le xiij° jour de juillet, l'an mil cinq cens trente-deux.

ARNOTON.

Bibl. nat. Cabinet des titres, Forget : 12.

VIII

1533

(20 mars.)

Mandement de payer sa pension annuelle de 1.200 liv. t. au bâtard de Chauvigny, commis aux paiements des constructions de Chambord. — La Fère.

Bibl. nat. Cabinet des titres, France : 60.

IX

1539

(4 décembre.)

Jehan de Beynes, victrier, demour. à Blois, conf. avoir eu et receu de M° Raymond Forget, trésorier de Chambort, dès le douzeiesme jour de septembre mil v° trente-cinq, en escuz sol. à xlv s. t. pièce xij^{ains} dizains et liards, la somme de trente-deux livres dix solz tourn. sur et en déduction de ce qui luy peult estre deu, pour la victrye par luy assise au-dedans des édiffices dudit lieu, de laq. somme de xxxij l. x s. t. led. de Beynes s'est tenu pour contant et bien paié et en a quicté et quicte led. Forget, trésorier susdit et tous aultres. Faict présens mess.

Jehan Gaugnaison et Balthazard Marcade, tesmoings, etc., le quatriesme jour de décembre mil v^c trente-neuf.

Bibl. nat. Cabinet des titres, Forget : 13.

X

1540

(4 décembre.)

Devant Jean Carré, notaire d'Amboise, R. Forget a montré au bâtard de Chauvigny, gouverneur de « Chambourg », un contrat du 22 novembre 1540, faisant mention que Gervaise Pelocquin a promis, le 1er juillet 1539, de livrer vingt mille quartiers de Bourray, à la Toussaint suivante, à l'atelier de Chambord. Il n'en a fourni que 9,059 ; on le condamne à charroyer les pierres qui sont au bord de la Loire.

Bibl. nat. Cabinet des titres, Chauvigny : 17.

XI

1550

(4 janvier.)

Rôle de payement des messes, des ouvriers ; et détails des travaux faits au château de Chambort.

Roolle des parties et sommes de deniers paiées, baillées et dellivrées comptant, par le commandement et ordonnance de noble homme Claude de Bombelles, escuyer s. de de la Vau, varlet de chambre ordinaire du Roy, gouverneur des bastimens et édiffices que le Roy nostredit s. faict faire en son lieu et place de Chambort, et M° Jean Grossier, contrerolleur d'iceulx, par Claude Pelloquin, trésorier et paieur desdits bastimens et édiffices, pour l'année commançant le premier jour de janvyer MV^cXLVIII et finissant le dernier jour de décembre ensuyvant MV^cXLIX, tant pour les messes qui ont esté chascun jour dictes et cellébrées audit lieu à l'intention du Roy, que pour la charpenterye qui a esté mise en aulcuns endroictz dudit chasteau, où il c'estoit trouvé des planchers pourriz qu'il a convenu refaire de neuf, que pour le paiement des maçons qui ont recarrellé, et aultres choses qui ont esté faictes en ladicte année, selon et ainsi qu'il s'ensuyt.

Et premyèrement :

A Mess^e Jehan Regnier, prebstre, pour III^cLXV messes par luy dictes et cellébrées audit lieu de Chambort, à l'intention du Roy, durant ladicte année, au pris de III s. t. pour chascune messe, vallent LIII liv. XV s. A Mathurin le Clerc, jardynier demeurant à Chambort, la somme de sexante neuf livres dix solz t. à luy ordonnée pour II^c LXXVIII journées ouvrables par luy vacquées, mises et employées à faire le jardin dudit Chambort, en ladicte année, à raison de V s. t. pour chascune journée, en lad. somme de LXIX liv. X s. t.

Manœuvres qui ont abattu les chaffaulx en ladite année, au pris de III s. IIII d. par jour :

Neuf noms de manœuvres à V journées, XVI s. III d. t. ; un à III j., X s.

Aultres manœuvres qui ont porté les terres aulx gallatas du donjon, durant le moys de novembre audit. an, au pris de II s. IX d. t. par jour :

Deux noms, IV j. ; cinq n., III j. ; quatre n., II j. ; un n., V jours.

A Claude Chappelle, maçon, pour avoir garny plusieurs pertuys où ont esté mises les traisnes neufves qui ont esté myses au lieu des aultres qui estoient rompues, qui sont en nombre dix neuf partuys, tant aulx chambres du donjon que garderobbes, lesquelz pertuys a rempliz de moyson et pierre de taille de Bourré, ainsi qu'il appartenoit, le tout faict à ses despens, fourny de maçons et manœuvres, pour le pris et somme de douze livres dix solz t., qui luy fut promise pour le tout que dessus est dict, pour ce cy paié aud. la somme de XII liv. x s. t.

A luy pour avoir carrellé en plusieurs endroictz le nombre et quantité de deux milliers de carreau par luy mys et assis tant aulx galletas que aulx cabinetz joignant les chambres desdits galletas, au pris de unze solz t. pour chascun millier, fourny de maçons et manœuvres à ses despens, pour cecy XXII s. t.

A luy pour avoir mys et assis un seullet de pierre dure à l'entrée d'une garderobbe qui est à la haulteur des terrasses, cy v s.

Charroy à la journée, au pris de sept solz six deniers par jour.

A Françoys Peaufaict. v j., XXXVII s. VI d.

Aultres maçons qui ont besoigné audit chasteau, au moys de juing, pour carreller en aulcuns endroictz du donjon :

A René Poullet pour II j., XII s.

A Jehan Presigny, VI j., XXXVI s.

Aultres manœuvres qui ont descarrellé ung cabinet pour mectre une traisne et se... les cloyes et chaffaulx, au pris de III s. par jour.

[*Ici, il manque au moins deux folios écrits des deux côtés.*]

Pour II^c et demy de gectons acheptez à Paris pour servir aud. Chambort, à XXX s. le cent, cy LXXV s.

Pour II^c de plumes de Hollande acheptées audit lieu, au pris de XXV s. le cent, cy L s.

Pour deulx bouteilles d'ancre, pour servir à escripre les roolles, XII s.

A Pierre de Loursière, dit Vendosme, m^e charpentier dem. à Bloys, pour ses peynes, sallaires et vaccations, d'avoir faict le devis et pourtraict de la charpenterye qu'il fault mectre sur la chappelle que le Roy faict de présent parachever au chasteau de Chambort, en quoy faisant il a vacqué, tant à faire ledit devis que pourtraict, l'espace de quinze jours entiers, pour ce cy la somme de VII liv. x s.

Somme toute des parties et sommes de deniers contenues en ce présent roolle : troys cens quatre vingts dix huyt livres dix neuf solz troys deniers tournoys.

. Claude de Bombelles, s. de la Vau, gouverneur des bâtiments de Chambord, certifie que Claude Pelloquin, payeur de la dépense de ces bâtiments, a payé, en présence de Jacques Cocqueau, maître maçon pour le Roi, à Chambord, ces sommes de deniers de III^c IIII^{xx} XVIII liv. XIX s. III d. t. — 4 janvier 1549/50.

Claude de BOMBELLES.

Devant Jehan Grossier, contrôleur des bâtiments, tous chapelain, jardinier, maçons, etc.,... ont reconnu avoir reçu ce qui leur était dû, d'après ce compte de quatre feuillets de parchemin. — 4 janvier 1549/50.

GROSSIER.

Bibl. nat. Pièces originales, Bombelles : 23.

XII

Marché avec G. Herby, fondeur à Orléans, pour les cloches de Notre-Dame de Cléry.

Le XXIIe jour de may, l'an mil v^c XIX.

Guyon Herby, fondeur, demourant à Orléans, paroisse Sainct-Victor, confesse avoir prins et prant de Messieurs les Vénérables Doian, chanoines et chappitre de l'église Notre-Dame de Cléry, lesquelz luy ont baillé à faire fondre deux cloches, l'une nommée Marie, et l'autre Guillaume ; lesquelles deux cloches ledit Guyon Herby preneur, a promis et sera tenu faire et fondre bien et convenablement, et fournir de toutes choses qu'il conviendra pour faire lesdites cloches, sauf que lesdits sjeurs fourniront de mestal convenable pour faire les deux cloches. Et lesquelles ledit preneur sera tenu et a promis faire de largeur, grosseur et haulteur qu'elles sont de présent, en telle manière qu'elles se puissent loger ou baffroy, ès lieux où elles ont acoustumé de estre, icelles descendre, defferrer et refferrer, monter et mectre en leurs lieux, le tout à ses coustz et despens, et rendre bien sonnamptes (1) ; le tout dedans le jour de la feste du Sacrement prochainement venant, moiennant la somme de vingt livres tournois, que lesdits sieurs luy en seront tenuz pour ce paier et bailler ; et sera tenu ledit preneur de reprandre le mestail..... pour le pris qu'il coustera. Présens : Messires Jacques Cléret et Guy Ferrant, prebstres.

Folio 363, Registre de Jehan Couldroy, notaire à Cléry (1518-1519).

XIII

Marché avec Benoît Bonberault, imagier à Orléans, concernant des statues pour la chapelle Saint-Sauveur à Notre-Dame de Cléry.

Le seiziesme jour de janvier mil v^e dix-huit (v. s.).

Benoist Bonberault, ymaigier, demorant à Orléans, en la paroisse Sainct-Avy, confesse avoir pris à faire, de vénérable personne et discret maistre Pierre Potier, prebstre, chanoine de l'église Notre-Dame de Cléry, lequel luy a baillé à faire deux pièces d'ymaiges et ung priant le tout de pierre de Rajasse (2) ; savoir : une ymaige du Sauveur du monde, à la haulteur de six piedz, ung évesque de quatre piedz et demy en chappe et requet (3), mystré et croisé, et ung priant à cousté dudit évesque, à la haulteur de trois piedz, lequel sera à genoulx, lequel tien-

(1) Sonnantes.
(2) « La pierre de Rajasse n'a aucune trace de couleur, est très blanche, très tendre, se rayant à l'ongle et conservant toutes les traces du ciseau, » est-il dit dans les *Archives de l'art français*, t. VII, p. 393, à propos de François Marchant, sculpteur orléanais, qui s'en servait aussi pour ses travaux.
(3) Rochet. Cf. Du Cange, Gloss. Lat. : *Rochetum*, et Gloss. Gall.: Roquet.

dra ung escripteau où sera escript : *Salvator mundi, miserere mei ;* et lequel évesque présentera ledit priant audit Saulveur, et lequel priant sera abillé en robbe *longue,* surpeliz et ausmusse, et sera escript aux piedz dudit Sauveur et en la terrasse : *Salvator mundi ;* et aux piedz et terrasse dudit évesque : *Sanctus Anianus* en lettre Romanne, et auront les bordeures de la robe dudit Saulveur trois doiz de large, et sera escript esdites bordures, en lettres romannes ou latines, ce qu'il plaira audit bailleur ; Pour le pris et somme de cinquante-huit livres quinze solz t. que ledit Potier, bailleur, luy sera tenu paier et bailler en faisant ladite besongne, et sur laquelle somme il a receu présentement douze livres t. Et a promis et sera tenu ledit preneur de rendre les choses dessus dites faictes et parfaictes, et iceulx mettre et asseoir bien et convenablement sur les entrepiedz de la chappelle que ledit bailleur a présentement faicte en ladite église de Cléry, dedans la feste de sainct Jehan-Baptiste prochaine venant, à ses coustz, despens, périlz et fortunes ; sauf que ledit bailleur luy aidera de deux journées de son charroy, pour les faire amener audit Cléry. Présens : Messire Jehan Bouchet, prebstre, et Pierre Le Vois.

Folios 216 verso et 217 recto, Registre des minutes de Jehan Couldroy, notaire juré de la baronnie de Cléry, (du 9 mai 1518 au 15 juin 1519).

XIV

Marché de sculptures avec Aubert Marchant, imagier à Orléans, pour la chapelle Sainte-Barbe, à Notre-Dame de Cléry.

Le dixiesme jour d'apvril mil v^c xviii avant Pasques. (1519, n. st.)

Aubert Marchant, ymagier, demorant à Orléans, paroisse de Sainct-Donnacian, confesse avoir eu et receu de noble et discret personne maistre Jehan des Roches, prebstre, licencié ès droiz, chanoine de l'église Notre-Dame de Cléry, à ce présent, [la somme] de quatre-vingts livres tournois compris quarente livres tournois que ledit sieur luy a baillées par cy devant, dont il a cédulle de la main dudit Aubert, et quarente livres tournois qu'il luy a ce jourduy baillées en présence, pour quatre ymages de pierre qu'il a prises à faire dudit sieur, savoir est : Notre-Dame, sainte Barbe, saint Jérosme, saint Claude et ung prient représentent la personne mondit sieur. Et lesquelles il promect rendre faictes et parfaictes bien et convenablement, dedans la Pentecoste prochaine venant. Et seront lesdites ymaiges de quatre piedz de haulteur ou plus. Si comme, etc. Présens pour tesmoings : Messire François Saugé, prebstre, et Guillaume Sarrazin, demorans à Cléry. Et pour ce que les ymaiges de sainte Barbe et saint Claude sont ja faictes, ce (1) ledit Aubert Marchant est défaillant de faire et parfaire les deux aultres dedans ladite feste de Pentecoste, en ce cas il a promis et sera tenu rendre, paier et restituer audit sieur ladite somme de quarente livres tournois à ladite Pentecoste, laquelle il luy a présentement baillée comme pour et [à] cause de pur et léal prest. Présens lesdits tesmoings.

Folio 331 recto, Registre des minutes de Jehan Couldroy, notaire juré de la baronnie de Cléry (du 9 mai 1518 au 15 juin 1519).

XV

Extraits du Compte de Cloture d'Orléans (1525-1527) relatifs à Denis Sourdeau, maître maçon de Chambord.

(Folio 151 recto.)

A Ferry Hamelot, marchant, demourant à Orléans, la somme de cinquante-quatre solz tournois, pour ses peines, vaccations et

(1) Pour *si*.

despense d'avoir esté de ceste dite ville, à cheval, en la ville de Blois, oudit an cinq cens vingt-six à quoy faire il a vacqué par l'espace de trois jours, tant à aller que séjourner, quérir les maistres maçons jurez de la ville dudit Blois et de Champbourg pour faire visitation des murailles de ladite ville, pour ce cy ladite somme de LIIII s. t.

(Folio 151 verso.)

A Guillaume Palvoisin, maistre maçon et tailleur de pierre de la ville de Bourges, Denys Sourdeau, aussy maistre maçon et tailleur de pierre, demourant en la ville de Blois et ayant charge des ouvrages de maçonneries pour le Roy notre sire à Chambort, Gervaise Ouldry, aussy maistre maçon de la ville de Blois; Symon Challotin, aussy maistre maçon de la ville de Chartres; Pierre Chausse, Jehan Bernardeau, aussy maistres maçons de la ville d'Orléans et Jehan Guyot, praticien dudit lieu, la somme de deux cens quatre-vingts-douze livres trois solz neuf deniers tournois, à eulx respectivement taxée par Monsieur le bailly d'Orléans, scavoir est : audit Palvoisin, soixante-quatorze livres tournois pour trente-sept journées; audit Sourdeau, cinquante-six livres tournois pour vingt-huit journées; audit Couldroy, autres cinquante-six livres tournois pour vingt-huit journées ; audit Chalottin, quarente livres tournois pour vingt-neuf journées ; ausdits Chausse et Bernardeau, chacun trente livres tournois pour chacun vingt-quatre journées, que les dessusdits ont vacquées, mesmes lesdits maçons estans demourans hors ceste ville d'Orléans, à venir, séjourner et retourner, à la requeste desdits eschevins, en ensuyvant l'appoinctement donné par mondit sieur le bailly ou son lieutenant, en la cause meue et pendant pardevant mondit sieur le bailly d'Orléans, entre le procureur du roy notre sire et le procureur des habitans de ladite ville et communité d'Orléans, demandeurs et requérans l'entérinement de lettres royaulx de provision, d'une part; et Jehan Mynier, Jehan Le Merle et leurs consors, deffendeurs, d'autre ; pour veoir et visiter la ruyne et cheute de partie des murailles de l'enclousture de ladite ville advenue depuis

— 67 —

peu de temps en ca, et autres murailles d'icelle ville, ensemble les malversations, faultes et abbuz que lesdits habitans maintiennent y avoir esté faictes par lesdits Mynier, Le Merle et autres deffendeurs de ladite visitation, avoir faict leur rapport signé de leurs mains ; Et audit Jehan Guyot, six livres tournois tant pour avoir assisté avec les dessus dits maçons à faire mectre et reddiger par escript ledit rapport que en avoir faict deux doubles contenans chacun quarente-neuf feulletz, et trois solz neuf deniers tournois pour les lettres de taxe. Pour ce cy ladite somme de II^c IIII^{xx} XII l. III s. IX d. t.

A Guillaume Tardieu, marchant, demourant en l'ostel de la Monnoye, la somme de quarente-trois livres tournois tant pour despense de bouche faicte en l'ostel dudit Tardieu, par Guillaume Palvoisin, demourant à Bourges ; Denis Sourdeau, demourant à Champbort ; Gervaise Couldroy, demourant à Blois et Symon Hallotin, de Chartres, maistres maçons jurez ès dites villes, Pierre Chausse, Jehan Bernardeau, aussi maistres maçons jurez de ceste dite ville, que de Jehan Habert, marchant demourant à Orléans, par les dessus dits appellé, depuis le quinziesme jour de janvier oudit an v^e vingt-six jusques au premier jour de febvrier oudit an, lesdits jours compris, que pour la despence de trois chevaulx faicte oudit hostel durant les jours dessus dits, pour ce cy la somme de XLIII l. t.

XVI

Notes sur les membres de la famille Sourdeau, de Loches.

Travaux faits à la tour de la ville. — André Sordeau, Bernard-Musnier. Dernier août 1525.

Compte municipal de 1567. — Réparation des murailles. — « *Item* et au moyen des troubles advenuz en ce royaulme de

France l'année mil cinq cens soixante sept, et pour pourveoyr aux ruynes et démolitions apparentes des murailles de ladite ville, etc. » — On retrouve le nom de Jehan Sourdeau, maçon.

État civil. — 1579, 10 février, Claude Sourdeau, maçon. — 17 décembre, Baptême de Jehan, fils de Jehan Sourdeau et de Marie Raimbault. — 10 juillet, Gabrielle Sourdeau.

1580, 4 février, Jehan Sourdeau, pescheur. — 12 février, Jehanne, fille de Claude Sourdeau.

1581, 23 juillet, Baptême de Marguerite, fille de Claude Sourdeau, maçon.

1582, 8 mars, Besnard et Claude Sourdeau.

1585, Mariage de Bertrand Sourdeau avec Françoise Rouer.

1585, Bertrand Sourdeau, fils de Bertrand Sourdeau (parrain).

1586, Enterrement de Marie Raimbault, femme de Jehan Sourdeau.

1586, 8 février, Baptême de Pierre, fils de Jehan Sourdeau.

1589, Julienne, fille de Mathurin Sourdeau.

1593, 24 septembre, Thomas, fils de Jehan Sourdeau.

1599, 22 janvier, Baptême de Françoise, fille de Jehan Sourdeau.

1601, 7 décembre, Baptême de Guillaume, fils de Bertherand Sourdeau.

1680, Gobreau, prêtre.

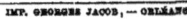

www.ingramcontent.com/pod-product-compliance
Lightning Source LLC
LaVergne TN
LVHW022115080426
835511LV00007B/829